＼ 会う人全員から「やせた?」と聞かれる ／

「着やせ」ファッション BOOK

おかだゆり

Yuri Okada

Introduction

はじめに

皆さん、初めまして。ファッションデザイナーのおかだゆりです。
本書を手に取ってくださり、ありがとうございます！

私のモットーは、食べたいものを食べて着たいものを着ること！
無理にやせようとしなくても服の力でやせて見える、
「着やせマジック」をインスタグラムで発信しています。

私は長年、アスリートとして国内外で活動していました。
筋肉がついていることが当たり前の特殊な世界に身を置いていた私ですが、
もともと服やお洒落が大好き。

ただ実際に好きな服を着ようとしたとき、
アスリートならではの筋肉が発達した体型では既製服が着られない。

または、着られたとしても素敵に見えない。
ということに気づき、愕然とします。

どんな体型の人でもキレイに見える服がつくりたい。
という夢が生まれたのはその頃でした。
そして今は、体型に悩む人のための服づくりと同時に、
着た人が必ず素敵に見える服の着方を提案しています。
素材や色、形選び、組み合わせを工夫することで、
服や体の見え方は大きく変わります。

体型コンプレックスを抱えて、お洒落を諦めようとしているすべての人へ。
おかだゆり流着やせ術をどうぞお試しください。

CONTENTS

2 はじめに

8 着やせにトライする前に準備しておきたい4つのこと

10 おかだゆりの体型データ

13 Theme 1

おかだゆり的着やせの理論

目の錯覚で服が似合う理想のバランス、「八頭身」に近づける!

理想のバランスに近づけるには、ボトムスから考える

[オススメ6BOTTOMS]

スキニーパンツ／テーパードパンツ／ワイドパンツ／

フレアパンツ／フレアスカート／ナロースカート

これさえ持っておけば間違いない!

確実にやせ見えする神アイテム

[持っておきたい5着]

33 Theme 2

おかだゆり的お悩み解決コーデ

上半身のみちみちが目立つのを、なんとかしたい!

トレーナーを着るとボリュームが半端ない!

ドルマンスリーブでも体の大きさが変わらない!

肩~二の腕の丸み、なんとかして!

後ろ二の腕のボリュームを減らしたい!

どこから見ても〝厚み〟がすごい!

とにかく下半身をいい感じに見せたい!

横から見たとき、脚が太い!

大きいお尻がウィークポイントです!
すべてのラインが気になってタイトスカートが穿けない!
寸胴、太もも、腰まわり。でっぷり感がすごい(涙)!

59 Theme 3
おかだゆり的場面別着こなし

入学・卒業式
フォーマルな集まり
運動会
外遊び
同窓会
仕事・学校行事

75 Theme 4
おかだゆり的着やせアウターの選び方

ハリ感のある素材のコート/フード付きスウェット/
フード付きロングガウン/シアーな羽織り
ロングダウンコート/チェスターコート/ボア素材ジャケット/
レザー風ブルゾン/モンスターコート/ミックス素材コート

お洒落が
楽しくなるよ♬

CONTENTS

105 **Theme 5**

おかだゆり的やせて見える小物づかい

巻きもの
ベルト
カバン
帽子
履きもの
アクセサリー

129 **Theme 6**

おかだゆりが
あなたの質問にお答えします

141 **Theme 7**

おかだゆりってこんな人

156 おわりに

158 キーワード別・アイテム逆引き目次

選ぶべき服が
わかるよ!

コラム

72 下着について

88 おかだゆりをつくる立体メイクアップを全公開

100 〝便利グッズ〟を取り入れよう

102 おすすめボーダー、 教えます

120 知ればもっとやせ見え!!「色」と「素材」の話

138 細く見せる写真うつりのコツ

こんな格好もしてみたい!

74 ウエストインをいい感じに!

104 〝甘め〟テイストに挑戦するなら…

118 〝カッコいい!〟に憧れます

119 たまにはちょっと色っぽスタイルも…

128 膨張色コーデだって怖くない!

136 ジーンズをお洒落に見せるには?

137 ハーフパンツなんて無理ですか?

着やせにトライする前に準備しておきたい4つのこと

2 姿見(全身映る鏡)を用意する

私が実践する着やせは、バランスが命です。全身でどう見えるか、がとても重要なのです。だから姿見はできればあった方がいい。こうすればいいのか！が分かりやすいので、着やせがずっと楽しくなるはずです。

P.11を参考に
自分のサイズを
測ってみてね！

1 自分の体のサイズ感を把握する

身長、バスト、ウエスト、腰まわりやヒップ。大体でもいいので体型を知っておくのは大事です。着やせは、ダイエットではありません。体の特徴を把握することで、自分はここが隠したいんだな！と理解ができる。効率よくアイテムが選べます。

3

自分の持っている服や小物を確認する

この本に出てくる服を全部買う必要はありません。いま手元にあるアイテムに、着やせに効くものをプラスしていけばいいだけです。そのためにもまず、引き出しやクローゼットを開けて持ちものをチェック。使えるものが、必ずあるはず。

4

〝どうなりたいか〟をイメージする

ただ“体型をごまかしたい”ではなく、どう見せたいか、どういう格好をしたいか。“目標”を具体的に思い浮かべてみましょう。好きな芸能人、インスタで見かけたお洒落さん、雑誌で一目惚れしたファッション。あなたの理想を目指しましょう！

DATA

おかだゆりの体型データ

155cmと小柄な私。アスリート出身で、肩幅しっかりの小太り体型です。腰まわりとお尻はガッチリ大きめ、下半身は太ももが外に張っているのがコンプレックスです。足の長さも理想には少し足りません。

身長

155cm

体重

65〜68kgを行ったり来たり

FRONT

特に気になるのは
この、二の腕！

二の腕のボリューム感は、自分で見てもなかなかのもの。とはいえこれも、「着やせ」できるので問題なし!!

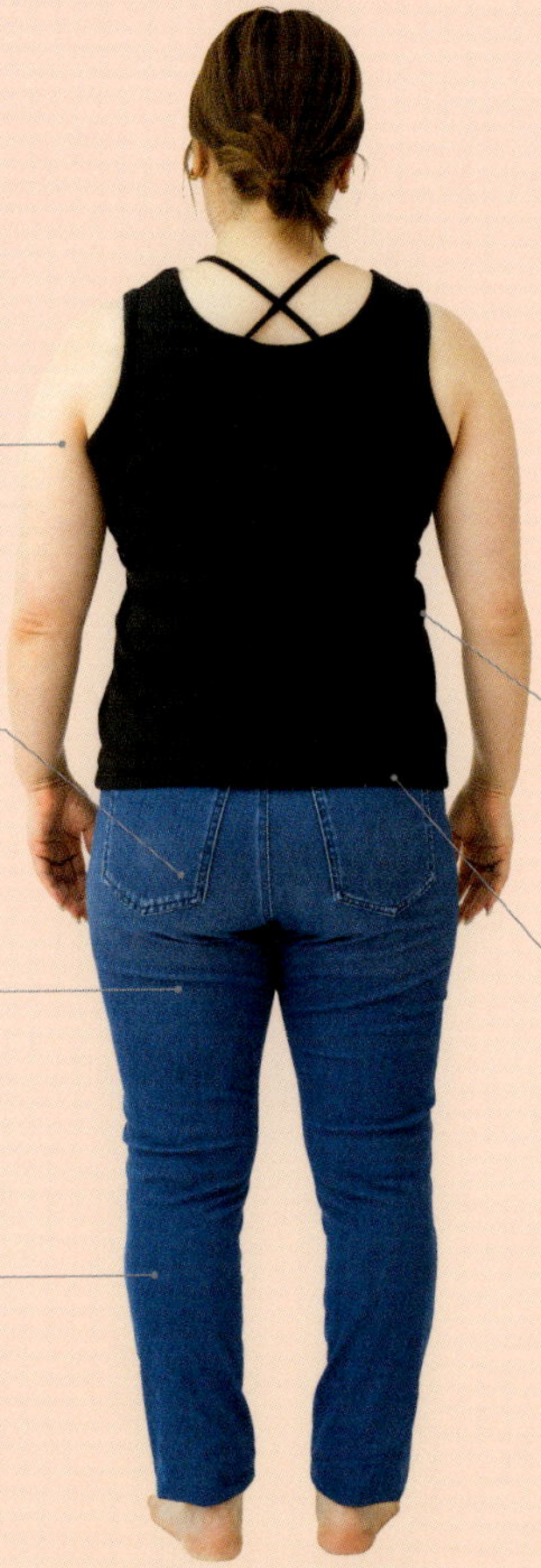

二の腕
35cm

お尻
102cm

太もも
61.5cm

ふくらはぎ
36cm

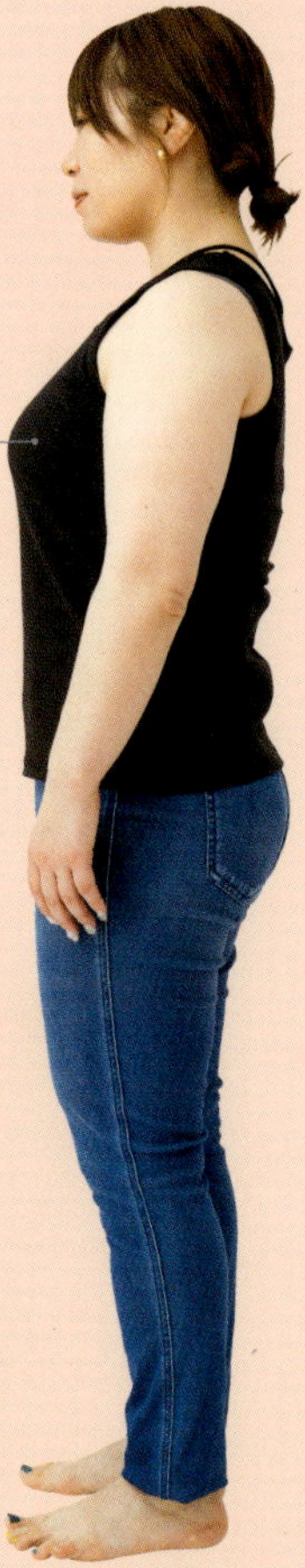

バスト
102.5cm

ウエスト
83cm

腰まわり
92cm

BACK

SIDE

それでは
始めましょう！

Theme

1

おかだゆり的

着やせの理論

THEORY

私の考える着やせとは、きつい下着で無理やり細く見せるとか、気になる部分をとにかく隠して着こなしは二の次……というものではありません。服を着たときに〝いい感じ〟になることで、気持ちがワッと上がるもの。それを成り立たせる理論から、まずは解説します。

about
BALANCE

目の錯覚で
服が似合う理想のバランス、
「**八頭身**」に近づける！

服づくりを学ぶために入った専門学校で、洋服が最も美しく見える理想のバランスを教わりました。１７５〜１８０㎝で八頭身。肩幅や腰の位置、四肢の太さや長さまで一般人とは違いすぎます。

でもそこで分かったのが、１５５㎝の私が洋服をきれいに見せるには、**縦に細長く見せる着こなし**で理想に近づければいいんだ、ということでした。

大事なのは全体像を見ること。そしてどういう風に見せたいか、どういう体型に寄せたいかを想定して、そこを目指してコーディネートを組んでみる。それが着やせの意味するところです。

いわゆる理想のマネキン体型と、現実のワタシ。視覚マジックで長さ・細さを生み出すことで、この差をどれだけ埋められるか。それが着やせの極意になります。

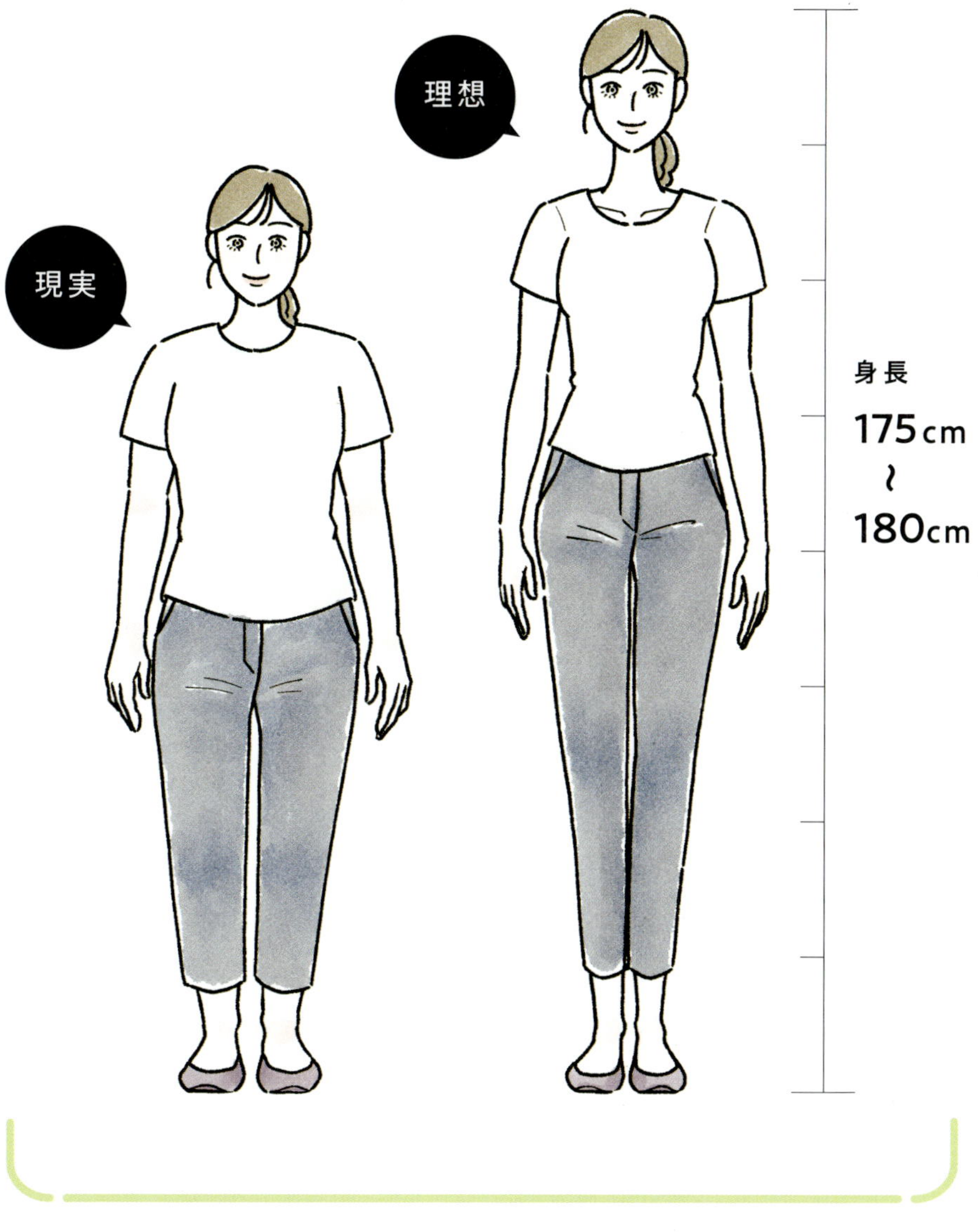

about

BOTTOMS

理想のバランスに近づけるには、**ボトムス**から考える

縦に細長く見せることがバランスよく見せるコツとお伝えしましたが、そうなるとまず**大切なのが下半身**です。体のラインをつくる下半身は、お腹やお尻、太ももにふくらはぎ……と全体を通して悩みが多い。でもその分、気になる部分を目立たなくしてしまえば、着やせは半分成功したも同じこと。それには**上手なボトムス選びがマスト**。私の場合、太ももがすごい太い割にふくらはぎは標準サイズなので太ももさえカバーできればまずOK。そういう感じで**代表的な6ボトムス**をチェックして、相性のよいものを見つけてください。

特徴をつかんでお気に入りを探そう

オススメ 6 BOTTOMS

太もも・お尻・ふくらはぎが気になる人に

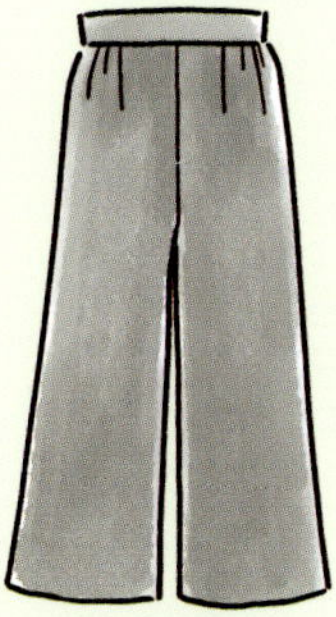

ワイドパンツ

下半身のあらゆる
悩みに対応

太もも・お尻が気になる人に

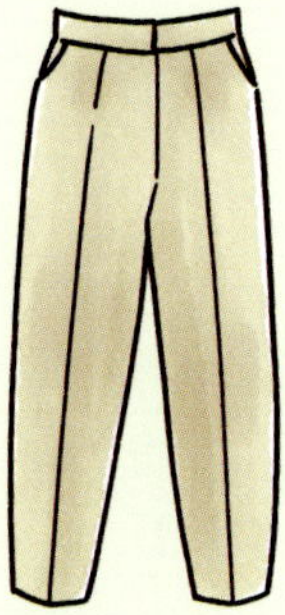

テーパードパンツ

適度なルーズ感で
取り入れやすい

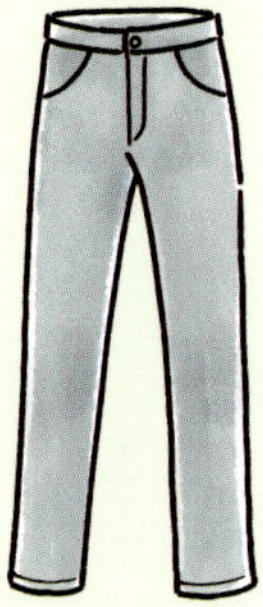

スキニーパンツ

見せ方次第で
最細見せが可能

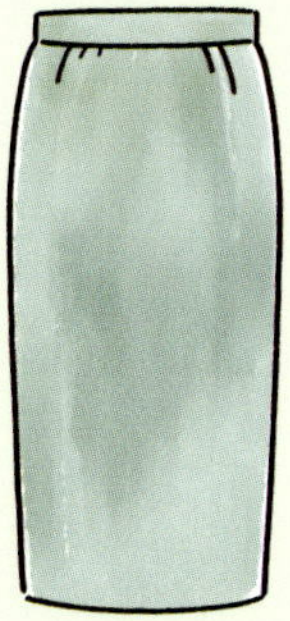

ナロースカート

縦のラインが
簡単につくれる

フレアスカート

お腹まわりも
同時にカバー

ふくらはぎが気になる人に

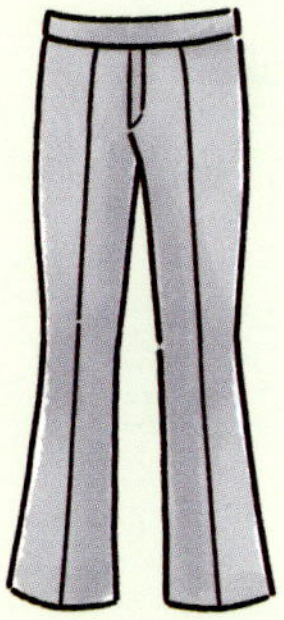

フレアパンツ

脚長効果を
期待するならこれ

KEY item

ピチピチだって大丈夫なんです！

スキニーパンツ

スキニーパンツは、脚のラインをすべてたどっていく、いわばそのままの姿を映し出すボトムス。ハードルが高く感じる方もいるかもしれません。

皆さんは、下半身のどの部分がいちばん気になりますか？　私は、大きく張った太ももの外側。**いわゆる大転子《だいてんし》の出っ張りです。でも実はそこから下は意外とまっすぐで、ふくらはぎもあまり発達していない。ということは、そこさえ隠してしまえば、脚がまっすぐ見える**はず。スウェットから出したシャツの裾で長さを調整し、太ももの張りを隠したら……ほらこの通り！　このようにできるだけ〝細長そうな脚〟に見せることで、全身が細い印象に。ブーツを合わせれば素材の力でカチッと引き締まったイメージも相まって、さらなる脚長効果が狙えます。

bottoms 1

SKINNY PANTS

ちなみに太ももを隠さないとこんな感じ。忠実にラインを拾うスキニー効果で一気に下半身が悪目立ち!

POINT

「ここから下はまっすぐ」という部分は思い切り強調!

POINT

シルエットに少しゆとりのあるものを合わせるとよりスッキリ見える

KEY item

合わせやすさはピカイチ!

テーパードパンツ

スキニーよりも少しゆとりがあって、緩やかに裾がすぼまっている。それがテーパードパンツの特徴です。細身のパンツスタイルで下半身を細く見せたい場合は、スキニーかテーパードのどちらかを選びましょう。

ラインを拾わずに細身のシルエットがキープできるので、基本的にはすべての体型におすすめ。ただし膝下から先が細くなるので、ふくらはぎだけ極端にボリュームがあるという人はちょっと要注意ですね。

着やせのコツは、トップスの幅を下半身のいちばん出ている部分より広くすること。下半身がどこから始まっているのか、分からなくするんです。さらにこのとき、後ろ丈が長めのものを選ぶとお尻をカバー&横から見たときも体の幅を削ってくれて最強！

bottoms 2

TAPERED PANTS

POINT

横幅のあるトップスで
ナチュラルな先細りを
演出して

POINT

太ももが
気になる人でも
比較的安心の
ルーズ感が肝

BACK

トップスは少し後ろ下がりのもの、裾がラウンドしたものを合わせるとお尻まで自然にカバーできます。

KEY item

お尻も太ももも全方位カバー

ワイドパンツ

太ももの付け根、股の部分を出しても大丈夫なのがワイドパンツ。太いところに合わせられるし、出ている部分がいちばん細く見える神アイテム。これはもう万能なので、すべての人が持っていて損なし！です。

ポイントは、股上が少し深めで、穿いたときに股に少し余裕があるものを選ぶこと。この部分がピッチピチになると太さが目立つのでそこだけ気をつけて。

さらに、タック入りのものなら腰まわりに立体感が出て奥行きがプラスされるので、のっぺりせずにスッキリ感がよりアップ。腰が張っていても逆にカッコよく見えるし、腰まわりが出せるから、丈の短いトップスとも合わせられて、いろいろな着こなしが楽しめます。個人的にはメンズっぽく穿くのが好きですね。

bottoms 3

WIDE PANTS

POINT

お腹まわりまで
見せられるので
短め丈のトップスとも
相性ヨシ

POINT

できれば
タック入りを選んで
立体感をプラス

POINT

やわらかな
生地のものなら
カジュアルすぎず◎

KEY
item

細見えプラス脚長効果も!

フレアパンツ

ボトムスの中で〝美脚効果〟が最も高いのがフレアパンツ。特にふくらはぎの太さが気になる人はこれ一択と言ってもいいかもしれません。

ポイントは、膝に近いところまで長さのあるトップスを合わせること。そうするとキュッと小さくなった膝から下が本当にスッカスカになって、ちょっと信じられないくらい脚が細く見えます。スリットパンツも同じ働きをしてくれるので、そちらでも◎。裾が広がることで上半身のボリューム感が目立たなくなるので、ガタイのよさを気にしている人にもおすすめですね。

トップスで隠れてしまうので、お腹まわりも太ももピッチピチでＯＫ。カジュアルにするなら足元はボリュームのあるスニーカーやサンダルが相性いいと思います。

bottoms 4

FLARE PANTS

POINT

襟元を開けることで抜け感が出しやすい大きめシャツがおすすめ

POINT

いちばん細くなるところまでを隠すロングトップスを選ぶ

SIDE

見てください、この足元のスカスカ感！ 上半身のゆったり具合が際立つように、ニットキャップで頭もコンパクトに。

KEY item

七難隠すたっぷりボリューム

フレアスカート

ぜーんぶ気になる！という人でも大丈夫なのが、ふわっと広がって下半身をスカスカに見せてくれる、薄手のフレアスカート。中でも裾に向かってプリーツが消えていく「消しプリーツ」が最強です！

太っていると腰やお腹にスカートの生地が持っていかれて、裾が思ったように広がらないことがありますよね。消しプリーツは、お腹まわりだけにたっぷりヒダを入れることで、物理的に布が余って自然にふわっと広がる仕組み。胴まわりのお肉もプリーツのヒダの奥に隠れて目立ちにくいし、一石二鳥。

初めてトライするなら、ニットやスウェットなど、トップス生地にボリュームのある冬がおすすめ。下半身の薄さが際立ち、〝スカスカ感〟が出しやすいです。

bottoms 5

FLARE SKIRT

POINT

ニットや
厚手スウェットのような
ボリュームのある
トップスがベター

POINT

ヒダがたくさん
入っていれば
いるほど
お腹まわりに
奥行きが出る

POINT

裾に向かうに連れて
プリーツがなくなる
「消しプリーツ」が大本命

KEY item

いとも簡単、ストレートライン！

ナロースカート

ナロー（NARROW）とは狭いという意味。その名の通り、ほっそり見えるスカートです。体に沿ったつくりのタイトスカートがお尻やお腹の出っ張りをすべて拾うのに対して、ナロースカートって実は少しだけ、台形のつくりなんです。**三角ベースの台形の中に下半身を収めることで、自然とまっすぐに見えるようにできているスグレもの。**さらに裾にスリットが入っていると、動いたときに遊びが出て着やせ度がアップ！

ボリュームのあるトップスと足元で挟むことで、すとんとしたイマドキのシルエットが出現。トレンド感が加わって〝おばちゃんカジュアル〟ならぬ〝大人カジュアル〟が叶います。〝細身のスカートなんて絶対ムリ〟という人でも大丈夫、騙されたと思って穿いてみて。

bottoms 6

NARROW SKIRT

POINT

肉感を拾わない
ゆるっとしたトップスで
バランスよく

POINT

お尻が気になる
という人も
長めトップス合わせで
解決

POINT

動きやすさと
フェミニンさを
両立させる
スリット推し!

POINT

ボリュームのある
足元で
今ドキシルエット

about

TOPS

これさえ持っておけば間違いない！ 確実にやせ見えする**神アイテム**

どんな体型の人に対しても、必ず着やせ効果を発揮してくれる、**5つのいわば神アイテム**をご紹介します。

体に「角」をつくる**ロングジレ**、顔のまわりに立体感を足して首細効果を発揮する**パーカ**や**シャツ**、お腹と二の腕をスッキリ見せる**ドルマンスリーブ**、くびれがあるように見せられる**ベルト付きの羽織り**、そして下半身のお悩みならおまかせの**ワイドパンツ**。

共通しているのは**〝肉感を拾わない〟**デザインで、服と体の間に余裕をつくってくれること。各章で出てくるので、その目で効果を確かめてください。

＼ 本書でも頻出！ ／

持っておきたい
5着

体に張りつかず
肉感を拾わない

**ドルマンスリーブ
トップス**

顔・肩まわりに立体感を出す

**パーカやシャツなどの
トップス**

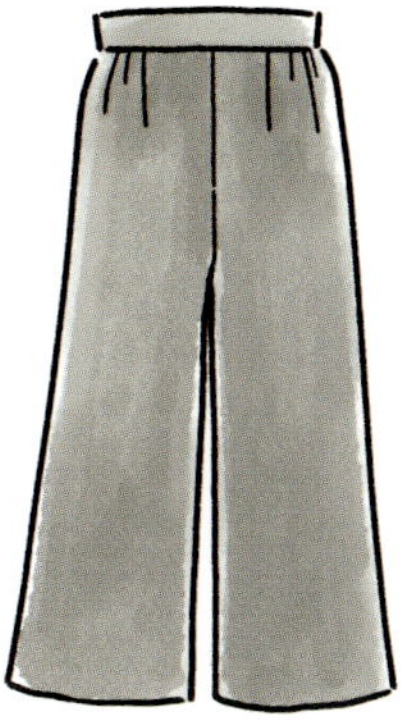

下半身のほぼ
すべての悩みを隠す

ワイドパンツ

調整しやすく全身カバーできる

**ベルト付きの
ロング羽織り**

とにかく体をまっすぐに
見せてくれる

ロングジレ

やせなきゃダメ、じゃなく
服を自分に
合わせればＯＫ!!

Theme

2

おかだゆり的

お悩み解決コーデ

BEFORE / AFTER

鏡で自分の姿を見たとき、「ココがこうじゃなかったら……」と思わずため息が出てしまうこと、ありますよね。例えば出っ張った下腹や、大きなお尻、はたまたむっちりたくましい二の腕etc。でも大丈夫、そんなときこそ着やせテクニックの出番。こうすればいい！をレクチャーします。

お悩み

上半身のみちみちが目立つのを、なんとかしたい！

スタンダードなTシャツを着ると
肉感を拾ってピタピタに。
どの角度からも詰まって見えちゃいます。

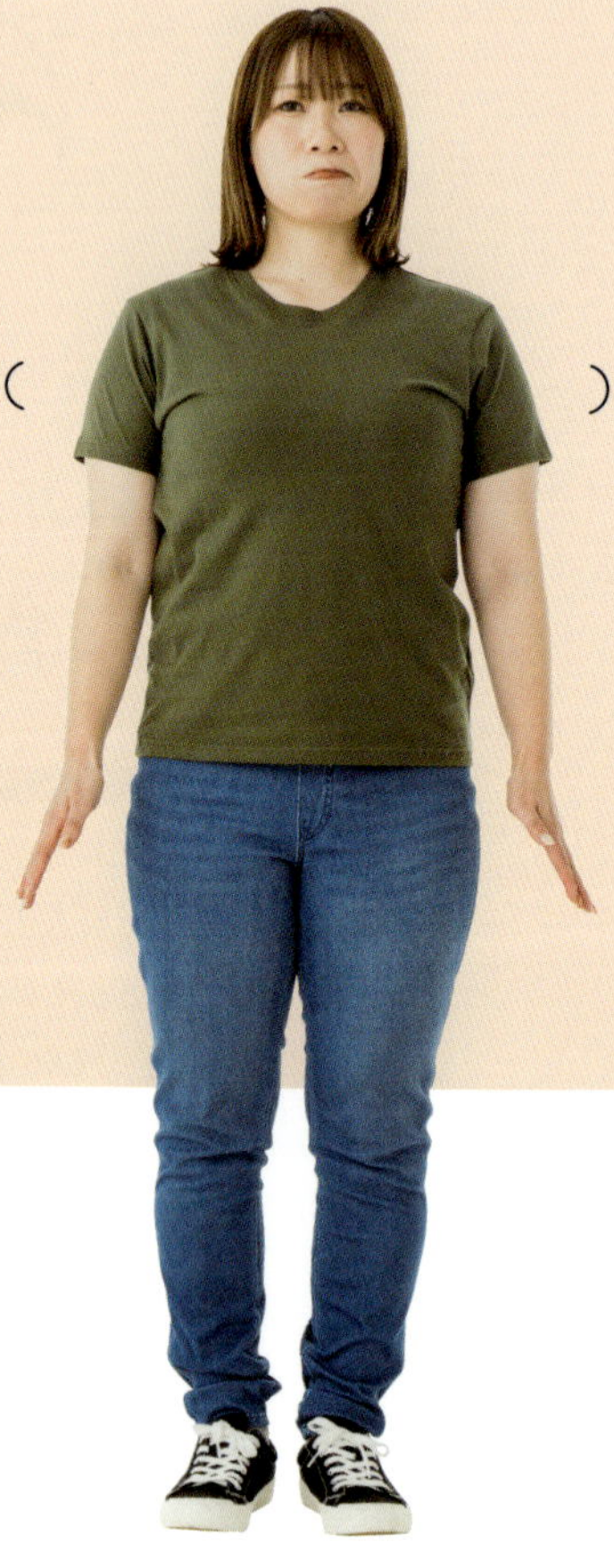

寄ったシワが
ムチムチ感を強調！
胸も胴まわりも
二の腕もみっちり！

BACK　SIDE

ドルマンスリーブでスッキリ

角のある
Vネックでスッキリ

ゆとりのある
ドルマンスリーブ

GOOD!

ラインを拾わないドルマンスリーブでムチムチ回避。首に抜け感を出すVネックもおすすめ。

CHANGE!

シャツならスッキリ見え

襟で角をプラス

プリーツで
目くらまし度UP

GOOD!

襟で角をつくることで印象がシャキッ。プリーツ入りを選べば奥行きも出てさらにやせ見え。

＼＼ お悩み ／／

トレーナーを着ると ボリュームが半端ない!

細い部分が一切ないトレーナー。
肩まわりが大きくなって
鎧（よろい）感が出るのがツラい！

頼りがいのある
広い背中が爆誕！

微妙なライン取りで
おばさん度がUP

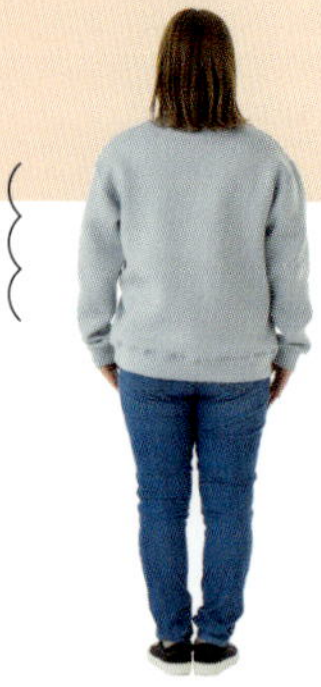

BACK

SIDE

顔まわりのフードで解決♡

フードの存在感で
肩幅をせばめて

GOOD!

横広フードが距離を縮めて、肩自体が小さくなったみたい！ 視線も中央に集まり小顔効果も。

CHANGE!

ニセモノの首をつくっちゃう

ここで
首をつくる！

GOOD!

ドルマンニットの下にホルターネックのインナーを。肩から見える黒のラインで細さを演出！

お悩み

ドルマンスリーブでも体の大きさが変わらない!

体に張りつかず、襟ぐり広めで着やせの神アイテムのドルマンスリーブ。
だけど少しだけ気になる点が……

Tシャツによるみちみち感はなくなったけれど、ぬぼっと大きい印象が打ち消せなくて垢抜けない…！

シアーTでスカスカ感が倍増

シアーな重ね着で
抜け感を出す

さらに
GOOD!

プチハイネックの黒シアーTシャツをIN。コントラスト強めの配 色にすることでメリハリが出るし、透け感で女性らしさも！

CHANGE!

シャツの襟で首を細く加工！

角＆立体感で
スッキリ感に

さらに
GOOD!

シャツを入れて顔まわりに角をつくれば、きゅっと引き締まる。 ボタンは開けて肌の色を見せ、抜け感を出すことも忘れずに。

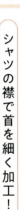

お悩み

肩〜二の腕の丸み、なんとかして！

肩の丸みやボリューム二の腕が気になって、
カバーしようとパフスリーブを選んでみたら、事故発生！

丸いフォルムと袖の絞りが、気になる部分をより強調。角のあるトップスに変えて丸みをなくせば問題なし！裾が開き気味のものを選べばアクティブな印象に。

CHANGE!

襟と肩、二箇所に角をプラス

襟を開いて
首を強調！

GOOD!

ストンと落ちる
袖が効果的！

開襟タイプのシャツで丸みを消去。テロンとした素材なら肌になじんでより大人っぽく。

強制的なスクエア感ならこれ

GOOD!

神アイテムのロングジレ投入で、ボディラインにいきなり四角が出現！シャープな印象に。

\\ お悩み //

後ろ二の腕のボリュームを減らしたい!

前から見るとそうでもないのに、
横や斜めから見ると
めちゃくちゃ主張してくる。
“後ろ二の腕”をなんとかしなきゃ!

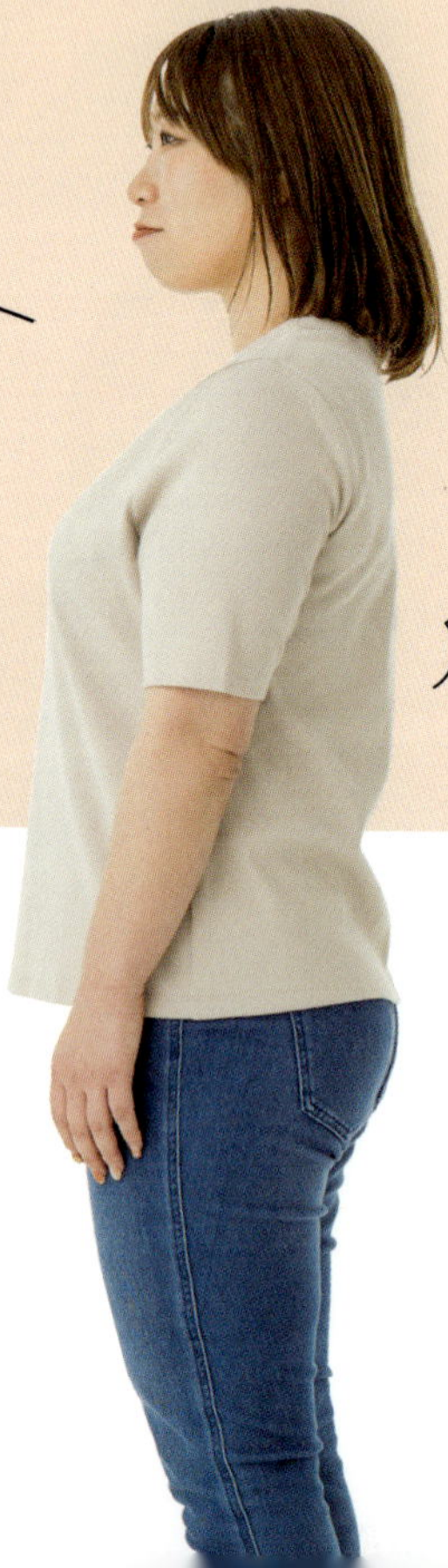

アームホールが狭い
ノーマルTシャツは、
二の腕も脇肉もすべてキャッチ

GOOD!

長袖はドルマン効果がよりアップ。肌が見えない分、袖の中に空気たっぷりでスカスカに。

秋冬

すとんと見えるニットドルマン一択

GOOD!

アームホールが広いタイプで一切の肉感を拾わせない！ 袖全体にゆとりが出て、スッキリ。

春夏

ゆったりドルマンでラインごと隠す

腕の付け根に
ゆとりのあるタイプが◎

CHANGE!

お悩み

どこから見ても“厚み”がすごい！

GOOD!

裾が広めのベルト付きで解決！

肉に生地を持っていかれてもよいように、裾広がりのものをチョイス。ベルトを後ろで軽く結んで、ウエストがあるかのように見せる！

CHANGE!

広がりのある
Aライン裾がキモ

肩のラインがまっすぐのストン系ワンピは、肉に取られて裾がすぼまりがち！ 細いところも一切ないので寸胴感が増すばかり。

老け見えにもつながる
全身の“厚み”、なんとかしたい！

NG

ベルトを1周させると腰まわりの肉が主張！逆にメリハリがなくなるのでNG!!

GOOD!

〝ちょいくびれ〟の効果が一目瞭然

腰位置にラインが入るだけで別人級！たっぷり生地で下半身のスカスカ効果も。

後ろで結んでウエストをつくる！

CHANGE!

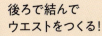

GOOD!

Tシャツ×スキニーには黒のロングジレを足して直線ボディに。同色のサンダルを合わせれば脚長効果もプラス！

比較的細い部分を生かして厚み減

CHANGE!

まっすぐラインでスラリ！

厚底サンダルでボリュームUP

FRONT

FRONT

GOOD!

体、削った？ と聞かれそうな着やせ力はニットの落ち感によるもの。 膨らんだ袖も目くらましに最適。

ニットなら〝編み〟の効果でスカスカに

CHANGE!

ドロップショルダーで肩位置をずらして

腕のラインを拾わないデザイン袖！

FRONT

BACK

お悩み

とにかく下半身をいい感じに見せたい!

お尻、太もも、ふくらはぎ。
下半身の悩みは尽きないけれど、
すらっと見せる方法はないですか？

GOOD!

秋冬

まとめ髪で首を出す!

肩幅隠し&小顔効果のフード

視線を逸らす肉厚フードが鉄板

長袖シーズンは顔まわりに立体感を与えるのをお忘れなく。髪は結んで首を出すと、引き締まった印象に。

GOOD!

春夏

七難隠すワイドパンツにおまかせ!

太ももにゆとりで細見え

白スニーカーでメリハリを!

CHANGE!

万能なのは最も太い太ももからカバーできるワイドパンツ(P22)。黒で引き締めつつ、足元は白でメリハリをつけるのがポイント!

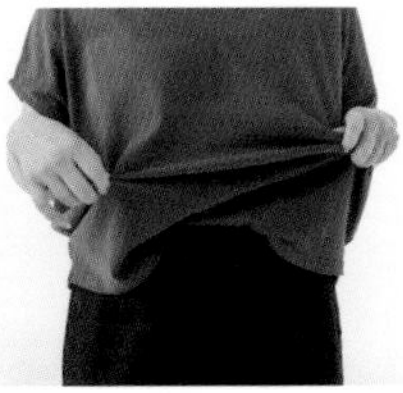

ブラウジングしてお腹まわりに奥行きを出すと、よりスッキリ。

お悩み

横から見たとき、脚が太い!

前太ももが
パンパンに張っていると、
横から見るとたくましさ増。
このムキムキ感、なんとかしたい。

GOOD!

ここでも、フードマジック

ここにしか
目線がいかない！

横から見たときもフードの立体感が救世主に。後ろが長いものを選べばゆったり感アップ。

GOOD!

お腹から下をすべて脚みたいに

CHANGE!

後ろ長め丈は
横から見てもカバー力抜群

最太地点からすとんと落ちるワイドパンツなら横からのシルエットも自然とまっすぐに。

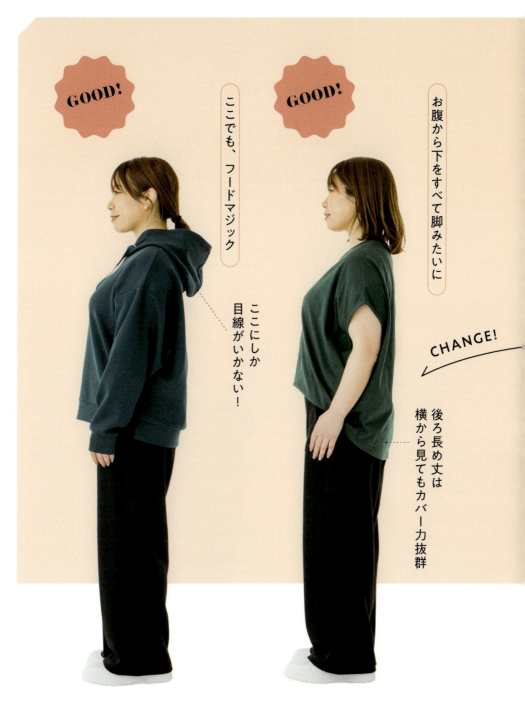

お悩み

大きいお尻がウィークポイントです

少しでも小さく見せたい…… と
ボトムスをコンパクトにすると、
食い込みやラインが悪目立ち！

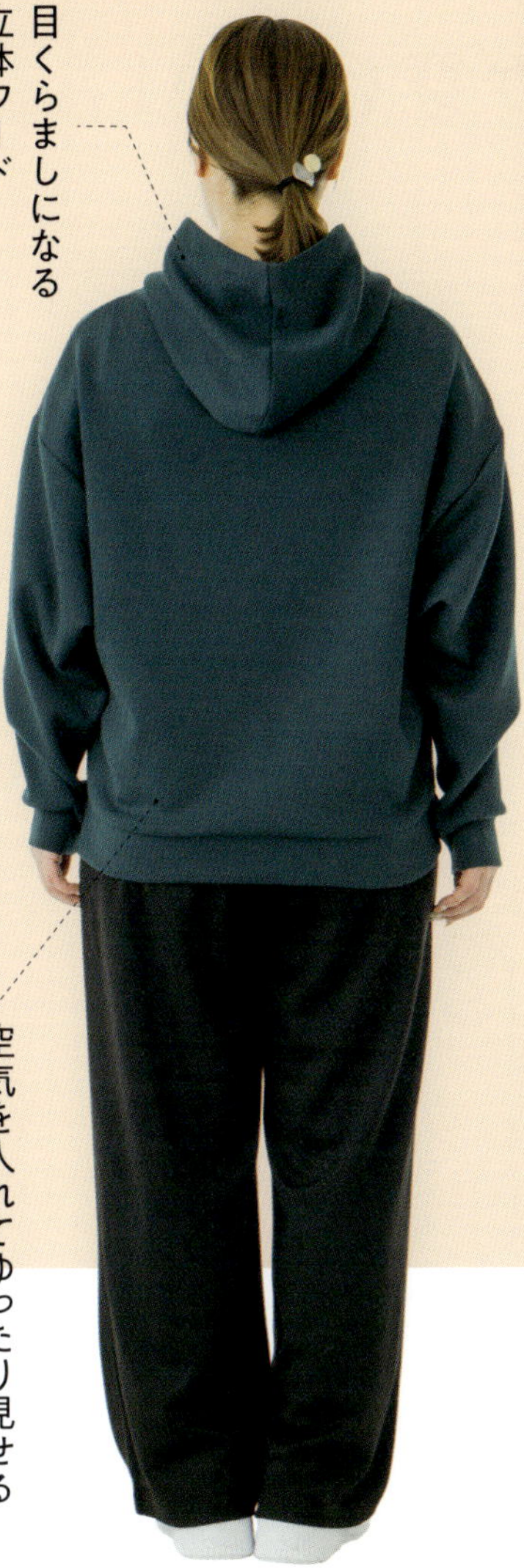
GOOD!
立体フード
フードの存在感で目線を逸らして
空気を入れてゆったり見せる

GOOD!
ストレートラインでお尻を悟らせない
CHANGE!
どこのラインも
拾わないから細見え！
後ろ長め丈のトップスなら

前から見たときと同じように目くらましてくれる立体フード。お尻に目がいきません！

ワイドパンツに変えれば、ボリュームはあるのに太ももとなじんで、大きさが気にならない！

お悩み

すべてのラインが気になって タイトスカートが穿けない！

タイトスカートの
雰囲気には憧れるけれど、
太ももやお尻、下っ腹、
全部が気になっちゃう！

下半身の全肉が
みっちりあらわに!!

SIDE

GOOD!

足元はブーツでゴツさアップ

ゴツめのブーツでバランス◎

ボリュームのある靴を合わせることで、足首を細く見せ、メリハリをつけるのもテクニック。

GOOD!

ナロースカートで一挙解決!

肉感なしのストレートライン!

CHANGE!

スリットがあればなおよし

いちばん太いところからまっすぐになるような設計で、余計な肉感を拾わず雰囲気はゲット。

お悩み

寸胴、太もも、腰まわり。
でっぷり感がすごい(涙)!

ウエストゴムで楽ちんだし、と
着てみたら!
上半身も下半身も間延びして
寸胴感がアップ……

背中とお尻がなぜか
サイズアップ!?

腰まわりが
布を拾って厚みが倍増

BACK

SIDE

GOOD!

スウェットの質感で隠す！

フード効果で体の幅を小さく見せる

分厚い生地を合わせて空気感を演出。身長が低い人は前を少し折り込み脚長効果も狙って。

GOOD!

ロングジレで強制的に縦をつくる

体を縦ラインではさんでぐっと細長く！

CHANGE

見える部分がすごく狭くなって余白が激減。シャキッと見えるのでお出かけスタイルにも。

おかだゆり格言

肉は空気にしてしまえ

Theme

3

おかだゆり的

場面別着こなし

BY THE SCENE

お祝いごとやかしこまった席、子供関連の集まりなど、お題のある日の着こなしこそ、着やせ力を存分に発揮したいもの。とはいえ気合を入れすぎなくとも大丈夫。基本の着やせルールにのっとりつつ、選ぶ素材や合わせる小物を変えていくだけでほら、この通り！

scene 1 »

CEREMONY STYLE

入学・卒業式

スカートを穿きたいなら ラウンド裾＋短めジャケット

ジャケットの裾とスカートの始まりの距離が近いので、腰まわりのもたつきナシ。裾の丸みも一体感あり！

POINT
ラウンド裾

NG

ジャケットの裾と
スカートの始まりの距離が長くて
バランスが悪い……

パンツスタイルには スクエア裾＋長めジャケット

セレモニースーツはまず、スカートにするかパンツにするかを決めましょう。というのも、それによってジャケットが変わってくるから。

ヒラっとしたスカートに長めのジャケットを合わせると、中途半端なシルエットになってしまいます。スカートのラインがきれいに出る短めジャケットの方がスッキリ見えて素敵です。

パンツはお尻や腰の肉感を拾うので、長めを合わせて上手にカバー。丸みを打ち消すスクエアなデザインを是非試して。

POINT

スクエア裾

ワイドパンツと合わせれば全身まっすぐ、縦長に見えるので、長め丈でもバランス◎。マニッシュ感がカッコいい！

BACK

お尻が隠れる長さを目安に選ぶと、こんなにスッキリ。スクエア感が強調されて、シャキッとした印象に。

scene 2》

FORMAL OCCATION

フォーマルな集まり

ツヤ感のある素材を選んで一気によそ行き仕様に

会食や結婚式の二次会など少しかしこまった場には、華やかさとエレガントさが欲しいもの。光沢のある生地や小物を上手に使って、明るい雰囲気に仕上げます。

ワンピースなどになりがちですが、寸胴見えは避けたいですよね。長め丈のトップスとワイドパンツ、またはナロースカートの鉄板コーデをベースに、ウエストにくびれをつくってメリハリを意識しましょう。

トップスはやわらか素材で落ち感のあるものを選ぶと、こなれた着こなしになるのでおすすめです。

ブラウジングでお腹まわりに空気を入れてスッキリと。お子様がまだ小さいという方もワイドパンツなら足捌きがよいので◎

肩と腕に張りつかない
デザイン袖は
強い味方

裾が広がる
ペプラムタイプなら
外に出しても

タック入り
ワイドパンツなら
膨張色もクリア

お洒落にまとまるグレーのワントーン。イヤリングだけ色を入れてアクセントに。袖も裾も広がりのあるトップスで、上半身のボリュームを打ち消して。

パンプスとスカートの
色合わせで脚長効果を

上半身が華やかな分、下半身は抑えめにするとシックな着こなしに。ツヤネイビーは1枚持っておくと重宝します！参観日感が出ないよう、アクセで華を。

scene 3 》

SPORTS FESTIVAL

動きやすさを重視しつつ
腰巻きで目くらましを

ボディバッグで立体感アップ！ 白と黒でコントラストをしっかりつけていることでも、引き締め効果が倍増。

太ももが隠れる着丈とボディバッグの目くらましで、羽織ってもご覧の通りのスッキリ感。足に目がいきません。

撮影したり移動したりと、観る側もなにかと忙しいであろう運動会。できれば両手を使えるようにしておきたいし、動きやすいのはマストですよね。

こういうときまず便利なのが目線を集めるバッグ。特にボディバッグは両手が自由になるだけじゃなく、立体フォルムがのっぺり感から救ってくれます。大きいバストにトップスが引っ張られがちの人にもいいですね。

下半身は、動きやすさ重視で細身のストレッチパンツをセレクト。薄手のシャカシャカパーカを腰巻きすればお尻と太もも、腰まわりのドーン感を難なく回避できます。パーカは羽織ったときのことも考えて、肉の形を拾わないシアーなものを選ぶとより安心です。

ブラウジング
できる身幅の
広いものがベター

お尻や太ももに
余裕のある
裾絞りパンツ

細身パンツを避けたい人には、動きやすく脚のラインも隠してくれるワークパンツを。目線を集める派手色ショルダーなら、上半身ボリュームを削れます。

scene 4 》

OUTDOOR ACTIVITIES

外遊び

メリハリの効いたアイテムで ドラム缶感を抑えて

絞ることでウエスト誕生。実はこのパーカ、ラッシュガード素材。スポーティでだらしなくならないのが優秀です。

NG

ラインを隠したいからと絞らず着てしまうと、すべてが解き放たれてボリュームUP。上半身が実物以上の大きさに！

ストンと見える淡色のトップスで明るい印象に！

引き締め効果抜群の濃い色太めデニム

脚に張りつかない太めデニムはムチムチに見えにくいのが◎。濃い色を明るいパーカとスニーカーで挟むことで、引き締め効果もさらにアップ。

アウトドアシーンはアクティブに、可能なら潔く短パンを！　スパッツを合わせて色をつなげればシュッとしますし、サンダルで抜け感を足せばとても軽やか。あとはデニムもやっぱり便利。どちらも、黒やネイビーで締めるのがポイントです。

その分トップスは淡めの色で、野外にふさわしく明るい印象に。顔まわりに立体感を出すパーカがイチ押しです。特に右ページで着たアイテムのような絞り付きなら、物理的にくびれをメイク。ハリのある生地を選べばさらにスカスカ感が出やすいです。

scene 5》

CLASS REUNION

〝変わってないね！〟と言わせる ほんのり若見えコーデ

久しぶりの面々が集まる同窓会や、女子会。みんな等しく〝あの頃〟から変化しているとはいえ、ちょっとでもいい感じに見せられたらいいですよね。

それに欠かせないのがイマドキ感と大人っぽさ。頑張りすぎずお洒落要素のあるものを上手く取り入れましょう。

おすすめは、やわらかな質感のワイドパンツやロングスカート。少し光沢のあるものなら上品に見えます。トップかボトムのどちらかに色を入れてメリハリを出すとフレッシュな印象になります。

カラーパンツはハードルが高いという人も、レンガ色なら落ち着きもあって、挑戦しやすいはず。ブーツで引き締めて。

立体的なデザイン袖で
二の腕の存在を消す!

足元に余裕を生む
サイドスリットがベター

イマドキアイテムであるナロースカートを黒にするなら、トップは鮮やかカラーに！　首まわりに余裕のあるハイネックと膨らみ袖で、ゆるっとした上半身を演出。

ショートブーツなら
履くだけで
背筋もシャキッ

テロっとしたスカートにはあえてボーダーとジャケットでカッコよさをプラス。大人の甘すぎコーデは、逆に若々しさをなくしてしまうので注意が必要。

仕事・学校行事

scene 6 »

SMART CLOTHES

着やせの強い味方、〝角のある服〟を主役にして

カジュアル通勤やお子さんの学校の集まりなど、ある程度の〝きちんと感〟が必要なとき。シャツに代表される襟付きアイテムは必須ですよね。

「角をつくる」役割を持つ襟は、着やせに欠かせないクローゼットのスタメン勢。よりシュッと見せるなら、縦長見せをあと押しするストライプの柄を選んで。ロングジレも◎。特にストライプシャツは清潔感が際立つので、どんな場面でも好印象が望めます。バッグや靴もカチッとしたタイプを合わせて、角感をよりアップ！

美脚見せボトム・フレアパンツを合わせればよりスラリ。四角いバッグも丸みを目立たなくしてくれます。

全体を「角」にする
羽織れば最強！の
ロングジレ

ゆるっとした生地と
デザインで
やわらかさもプラス

細身シルエットの
テーパードパンツで
コンパクトに

形に目がいくロングジレも、実は襟付きアイテム。カットソーに羽織るだけでお仕事服になるからとても便利！

きれい目スタイルにも
ぴったりのナロースカート

ナロースカートはお腹のラインを拾わないものを選べばスッキリ！ 後ろ丈長めのシャツなら体の厚みやお尻をカバーして横から見たときも細見え◎。

COLUMN

下着について

光沢のあるシャツや地厚のスウェットなど、肉感の出ない服のときはブラキャミで全然いいと思うんです。でもTシャツのような薄くてやわらかい生地のときは要注意！　**ブラやブラキャミからはみ出た脇肉が、そのまま段になって出てきます**。だからそういうときは胸から背中のお肉をきちんと収納してくれる、脇高・**幅広のブラをつけてあげる**こと。サイドがスッキリするだけで、Tシャツ姿が見違えます。

ショーツはもう、シームレス一択。私は**綿製のハイライズシームレスショーツしか、穿いていない**です。シームレス＝縫い目がないので、すべりがよいし響かない！　大きいサイズならヒップを包み込んでくれて、お尻に段もできません。どんな人にもおすすめです。

ブラジャー

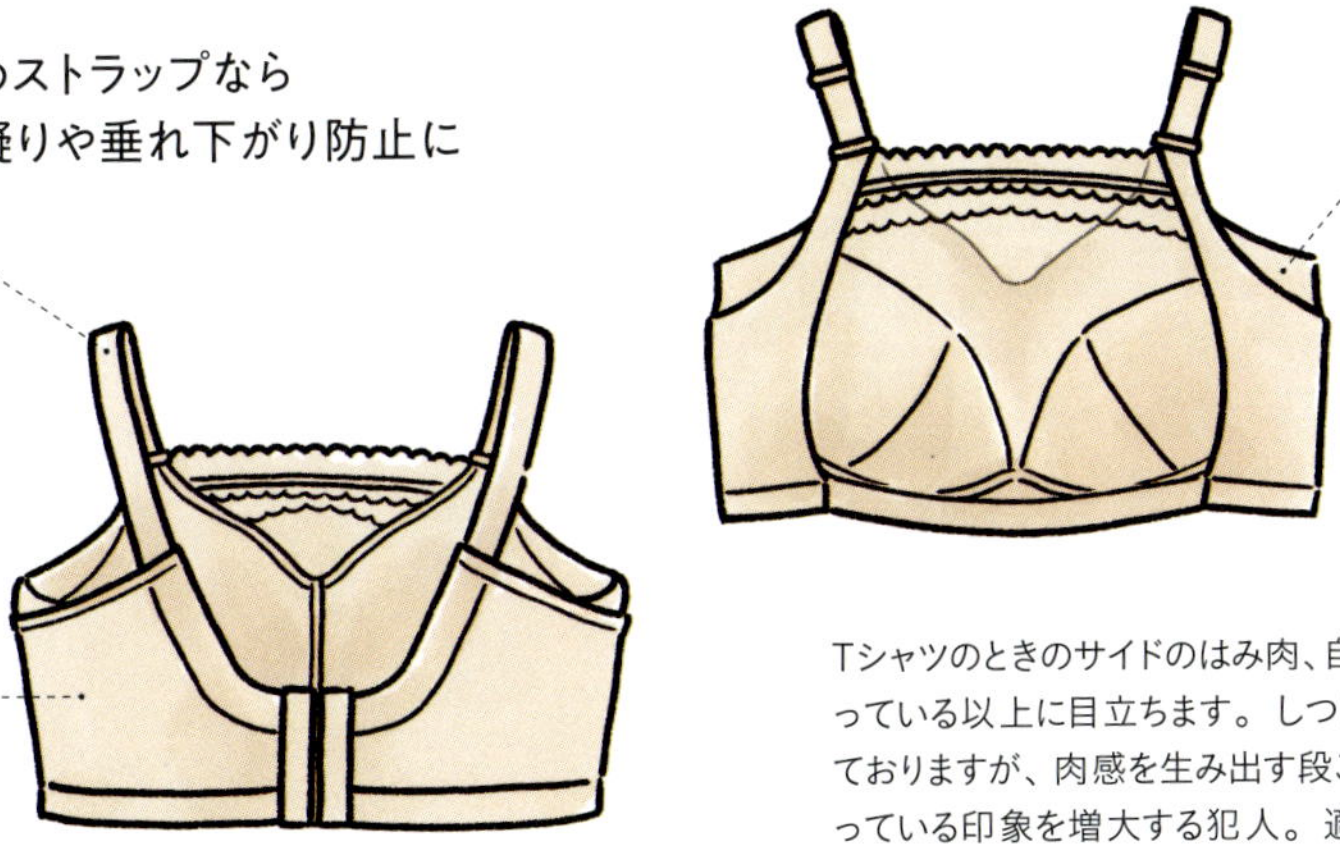
肉が横にはみ出ない
しっかり脇高のつくり
太めストラップなら
背中の肉もきちんと
収める幅広いボディ

Tシャツのときのサイドのはみ肉、自分で思っている以上に目立ちます。しつこく言っておりますが、肉感を生み出す段こそが太っている印象を増大する犯人。適切なブラで不要なボリュームを減らしましょう。

ショーツ

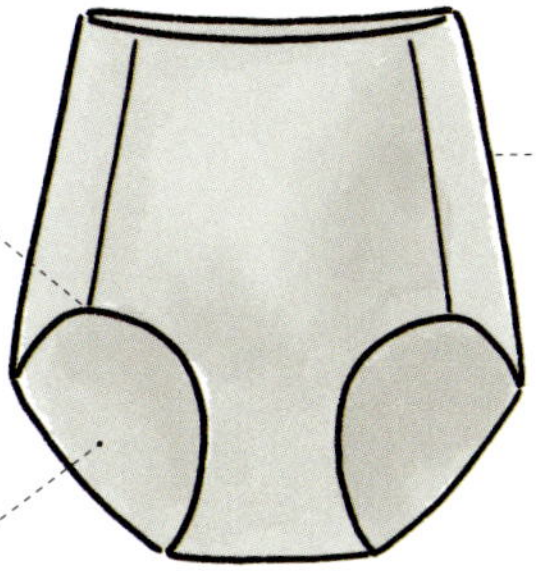
脚の付け根が
キツくないもの
お腹もお尻も
すっぽりの
ハイライズ
どこにも縫い目がない!
から引っかからない

薄手のパンツやナロースカートを穿いても響かないし、縫い目がないからスレたりしないのでノーストレス！ ポイントは見栄を張らずに大きめサイズを選ぶこと。キツめのショーツは、段々のもとです。

こんな格好もしてみたい！

「ウエストインをいい感じに！」

ウエストイン、初心者さんはまずスカートから。ポイントはウエストに幅がしっかりあって、生地がたっぷりした裾広がりのものを選ぶこと。インした部分はどうしても厚みが出るので、薄着の夏にトライするのがおすすめです。

NG

ここの幅が狭いと太見えの原因に！

Theme

4

おかだゆり的

着やせアウターの選び方

OUTERWEAR

大きめサイズを着ておけば、いろいろごまかせそう……何を着てもそんなに変わらない…… そんな視点でアウターを選んでしまっていませんか？ 体のほとんどを覆うアウターは、ぱっと見で印象を決める大きな要素。細部にちょっとこだわれば、全身着やせが叶います。

about
OUTER WEAR

季節によって変わる アウター選びのポイント

ひと口にアウターと言っても、春先と真冬では全く違いますよね。

春～秋口のアウターは生地そのものが薄手なので、見た目に厚みが出にくい一方、体のラインは拾われやすいのが特徴。顔まわりに立体感があり、気持ち大きめで軽やかなものを選ぶと重宝します。

冬はダウンやニット、ウールなど素材の時点でボリューミー。ものによってはかなりたくましく見えてしまうので、サイズ感と着方が命！　試着は絶対してください。ダウンならここ、ブルゾンならここ、とアイテムによって選ぶポイントをしっかり意識して。

☑ 春
☑ 秋

outerwear 1

SHORT FIELD COAT

ハリ感のある素材のコート

薄着の季節のミドル丈アウターは、肉感を拾わずオーバーシルエットになるパリッと硬め質感のものを。前立てのフード付きタイプで顔～肩まわりに立体感をプラスすれば、ボディラインが気にならないのでなおヨシです。

✓ 春
✓ 夏

outerwear 2

HOODED SWEAT SHIRT

フード付きスウェット

持っておきたいアイテムとしても紹介しているパーカ。アウターとして使うなら、肉感を拾わずペラッとして見えない、地厚のスウェット生地のものがおすすめ。横幅が広いフードで顔まわりにポイントをつくるのもお忘れなく。

☑ 春
☑ 秋

outerwear 3

HOODED GOWN

フード付きロングガウン

NG

絞りすぎるとボディラインが目立ってしまうので要注意! あくまでメリハリを出す程度に、軽くキュッとを心がけて。

さらっと羽織るだけでお出かけスタイルになるのが嬉しい、ゆったりロングガウン。肩の近くに立体感が出る大きめフード&ウエストが絞れるアジャスター付きのものを選ぶと、全体にメリハリが出て着やせ効果抜群です！

☑ 春
☑ 夏

outerwear 4

SHEER PARKA

シアーな羽織り

軽くて薄い透け感アウターは夏も大活躍！襟元を大きく開いて抜け感を出しましょう。お尻まですっぽり隠れる裾すぼまりのロング丈、二の腕が気にならないドロップショルダー、目くらましになる前ポケットがキーワード。

冬

outerwear 5

DOWN OVER COAT

ロングダウンコート

No.1 防寒アウター、ダウンコート。①フードが横に広くて前立てがある＝顔まわりに立体感が出るもの。②裾がすぼまっていて全体がコンパクトに見えるもの。③段の幅が狭くて数が多いとよりボリューミーに見えるので、幅が広く数が少ないもの。この3つをポイントに選ぶと◎！

☑ 秋
☑ 冬

outerwear 6

CHESTER COAT

チェスターコート

ストンとした縦長ラインをつくってくれるチェスターコート。襟と首が少し離れているので、肩幅までの距離が短く見えるのが優秀! 肩がきちんと合うものを選ぶとコートの枠内に体の幅が収まり、かなりスッキリ見えます。

☑ 秋
☑ 冬

outerwear 7

BOA JACKET

ボア素材ジャケット

NG

顔まわりアイテムなし＆上まできっちり閉め＝大きな四角！ 特に肩幅がとっても目立ってしまうので注意です。

かわいいけれどどうしても体が大きく見えがちなボアも、襟なしタイプにフーディをINすれば、視線が上がってバランス◎。ショート丈だと下半身が分断されて大きく見えてしまうので、ミドルまたはロング丈がおすすめ。

☑ 秋
☑ 冬

outerwear 8

LEATHER BLOUSON

レザー風ブルゾン

BACK

裾のたるみ感とゆったりシルエットが、気になるお尻まわりもさりげなくカバー。

メンズライクなブルゾンは、袖口と裾にギャザーが入った“コクーンタイプ”を選ぶのがポイント。ギャザーが生み出す絶妙な丸みがラインを拾わずゆったり見せてくれるので、悩みの種である“たくましさ”が消えます!

冬

outerwear 9

MONSTER COAT

モンスターコート

NG

首元まできっちり閉めてしまうと、がっちりビッグシルエットが爆誕。かえって大きさが強調されるのでNGです。

着やせ効果とお洒落感を、いちばん手軽に叶えてくれるのがこのタイプ。ざっくり余裕があるのがポイントです。ただし襟ぐりは大きく開けて抜け感を出すのがマスト！全体的に下に落とすような着こなしを心がけて。

☑ 秋
☑ 冬

outerwear 10

MIX MATERIAL

ミックス素材コート

SIDE

袖の部分がライン効果を生み出して、驚きのスラッと感！ まるで元々やせている人みたいに見えませんか？

イレギュラーだけどかなりおすすめなのが、ミックスタイプ。単体だとモサッと大きく見えがちなふわふわボアに異素材を組み合わせて、肩と二の腕をボリュームダウン。視覚マジックで、どこから見てもスッキリです。

〝細くない〟じゃなくて
〝細く見せる〟が◎

必見！

おかだゆりをつくる
立体メイクアップを全公開

Make Up!

「ここがイヤ」から始まった私のメイク。
どうやったら好きな顔になれるんだろう？
「理想の私」に近づくために、
研究を重ねてたどり着いたのがこのやり方です。
メイクってすごいな、楽しいな、と思っていただけたら！

こちらが私のすっぴんです。YouTubeでは公開したことがあるからご存知の方もいるかもしれません。子供の頃から片方の目が一重で、左右差があるのがコンプレックス。目がもっと大きかったらなあ、がメイクの原点になっています。

Favorite item

愛用コスメ、公開します!

私にとってメイクは、“おかだゆりの顔”をつくるためのツール。気分や服によって変えることはありません。ベースからポイントメイクまで、コレ！ と決めたら同じものをずっと使うタイプなので、7〜8年買い続けているものもあります。

HIGHLIGHTER

鼻筋や頬ぼねに入れて
立体感を

BROWN EYE SHADOWS

二重をつくり出す
3色のアイシャドウ

FACE COLOR

引き締め効果抜群の
チークとシェーディング

BASE MAKE UP

メイク下地とコンシーラー、
パウダーのみのNOファンデ派

EYE LINER

太さの違う
ペンシルタイプがマスト

LIP

落ちない
マット+ツヤを重ねづけ

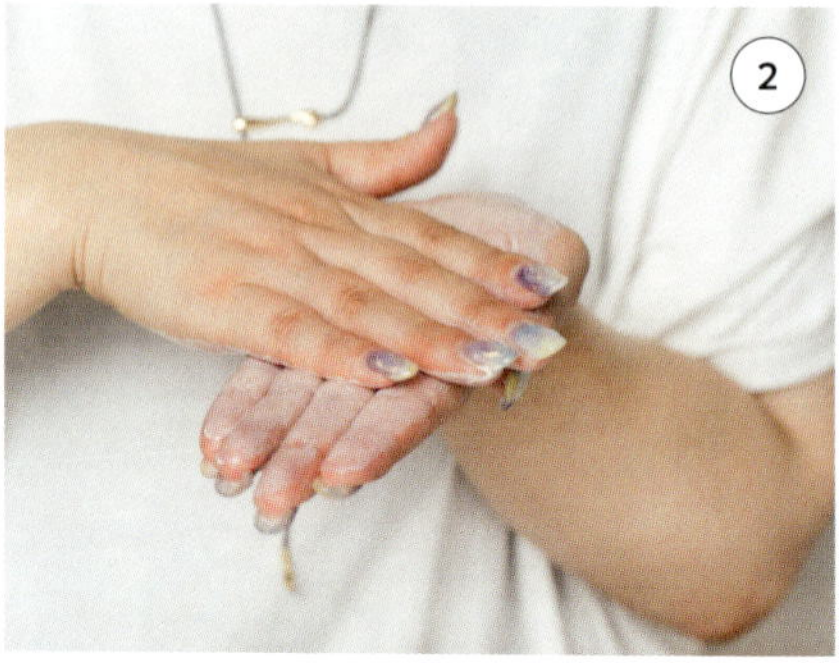

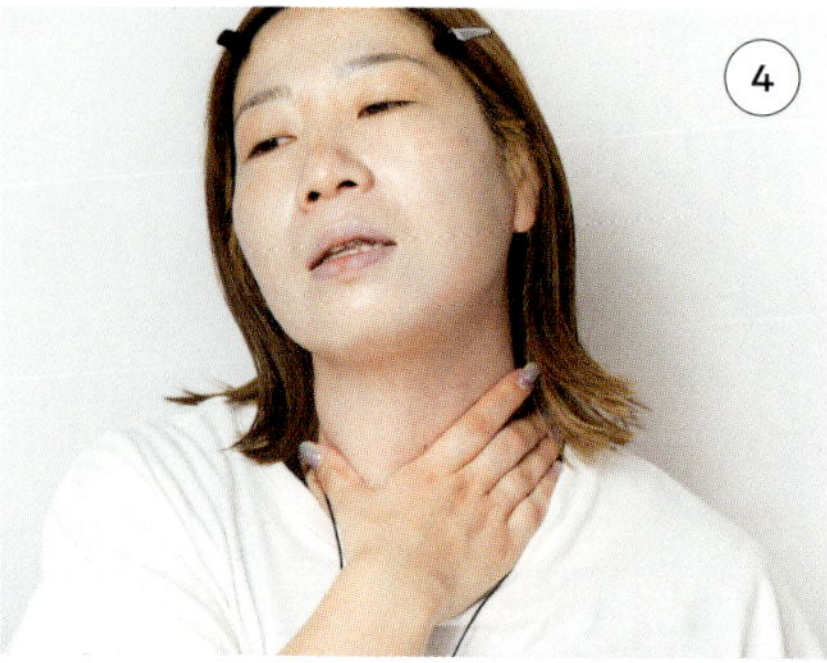

1.顔をきれいに洗ったらまず全顔を保湿。髪の生え際や小鼻横、顎など細かいところまでみっちり　**2,3,4**.日焼け止め成分入りのメイク下地を手の平によくのばし、顔全体から首まで、ムラなく塗る。押し込むようにしっかりと　**5**.メイクキープスプレーを吹きかけて乾かし、ベースを安定させる

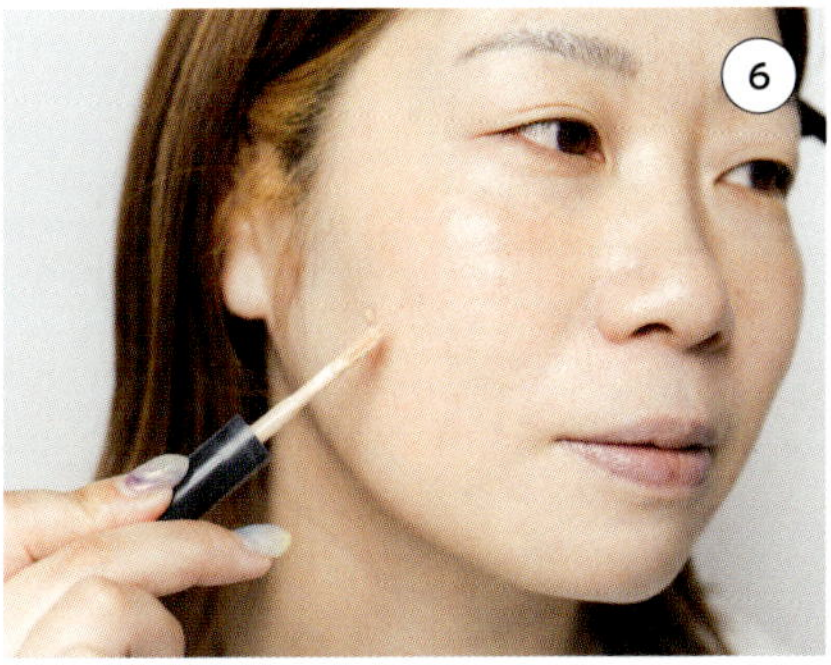

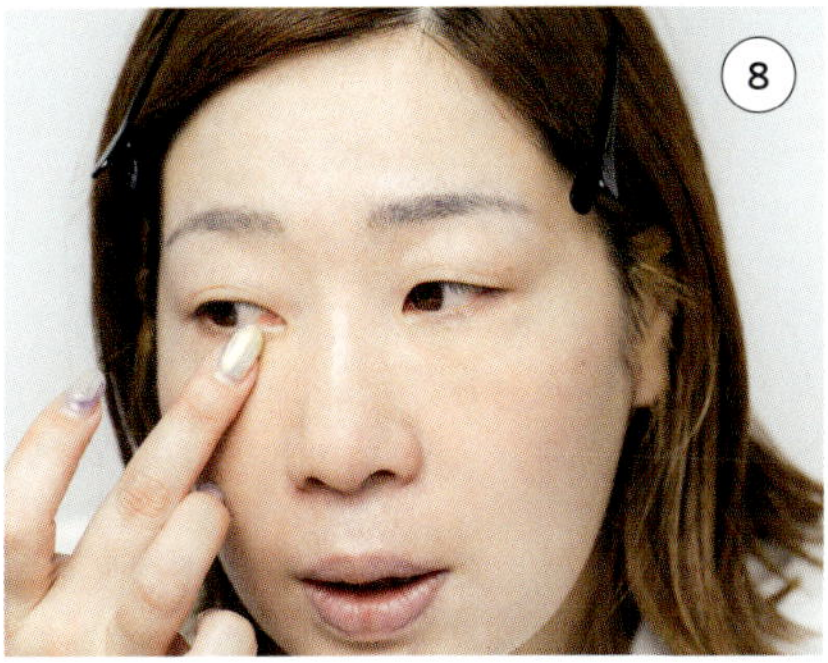

ベースメイク
完成！

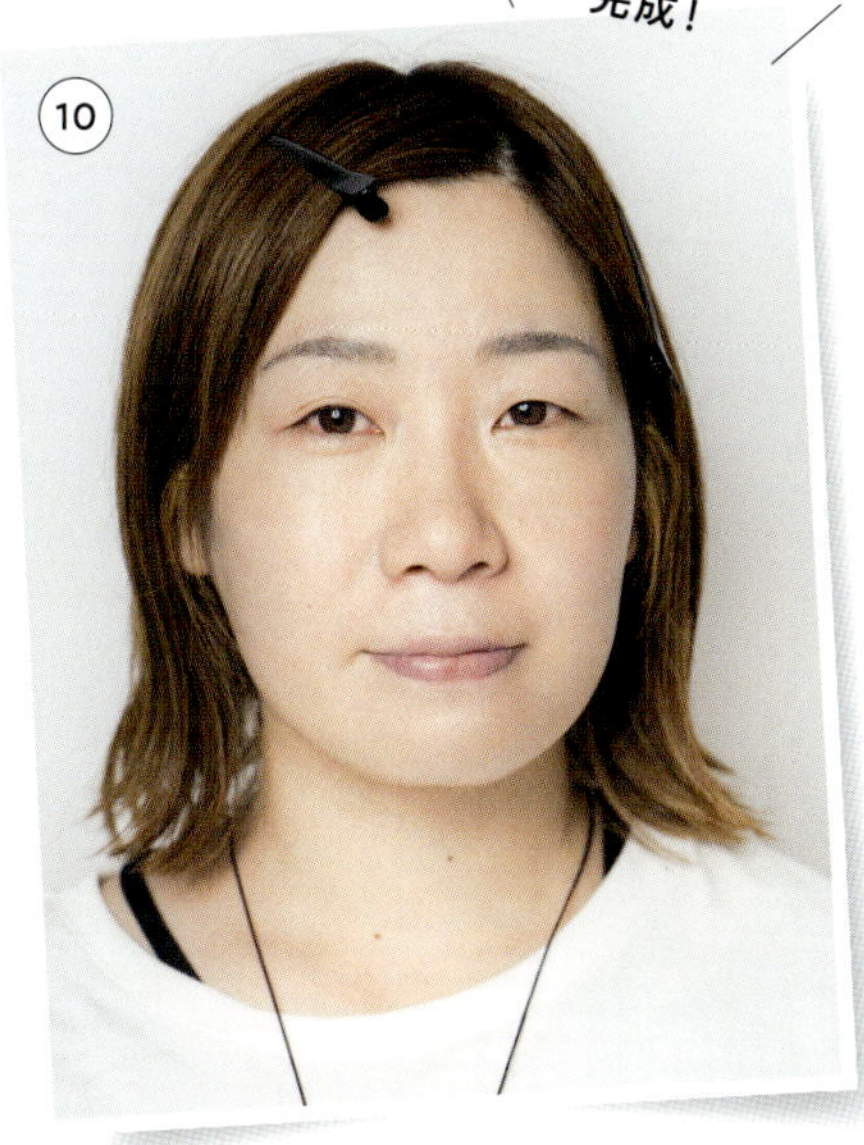

6,7.赤みの気になる箇所にリキッドコンシーラーをチョンとのせ、小さいブラシでなじませる　**8**.クマを隠したいときはオレンジ系のコンシーラーでカバーしてから、明るい色を重ねて顔色よく　**9**.パウダーを顔全体に薄〜くのせる　**10**.ベースメイクが完成！

▼

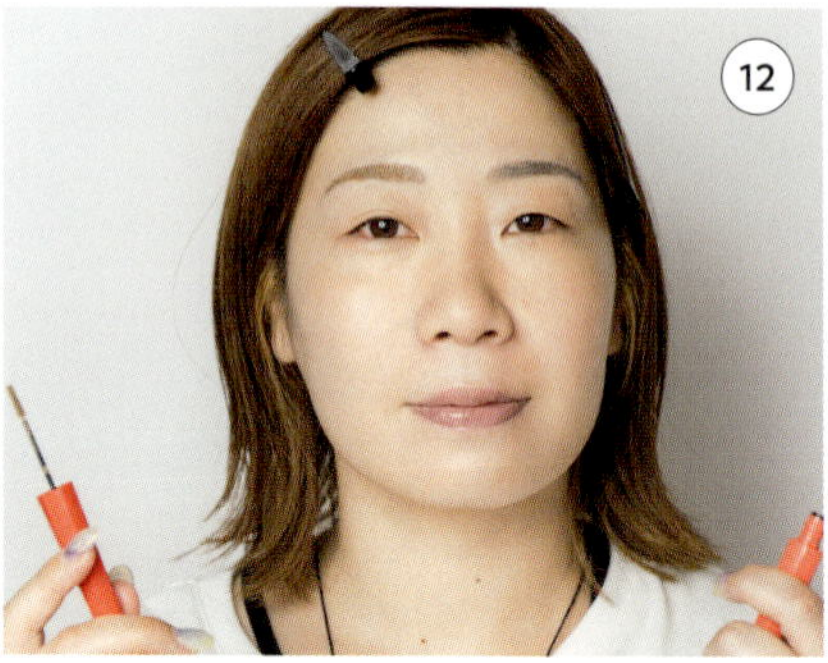

▼

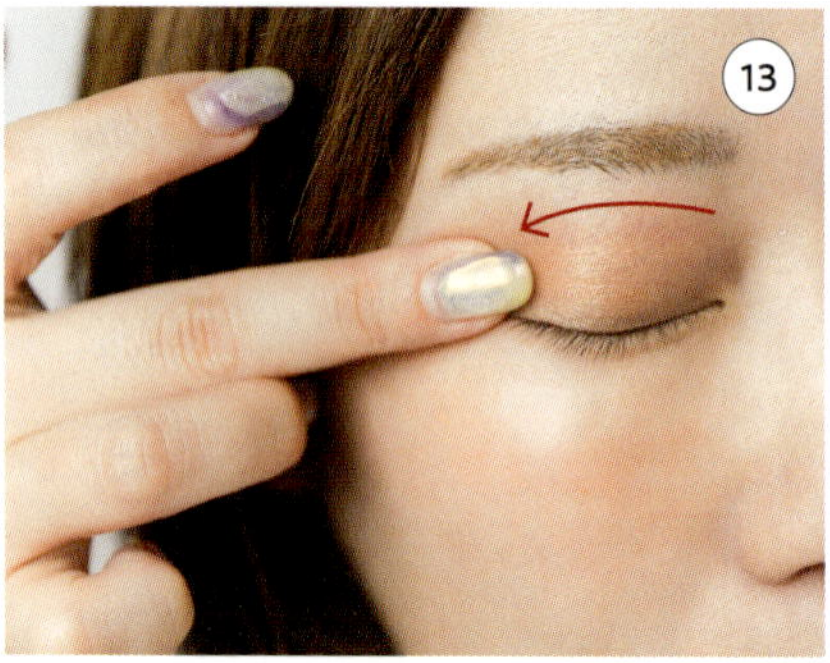

▼

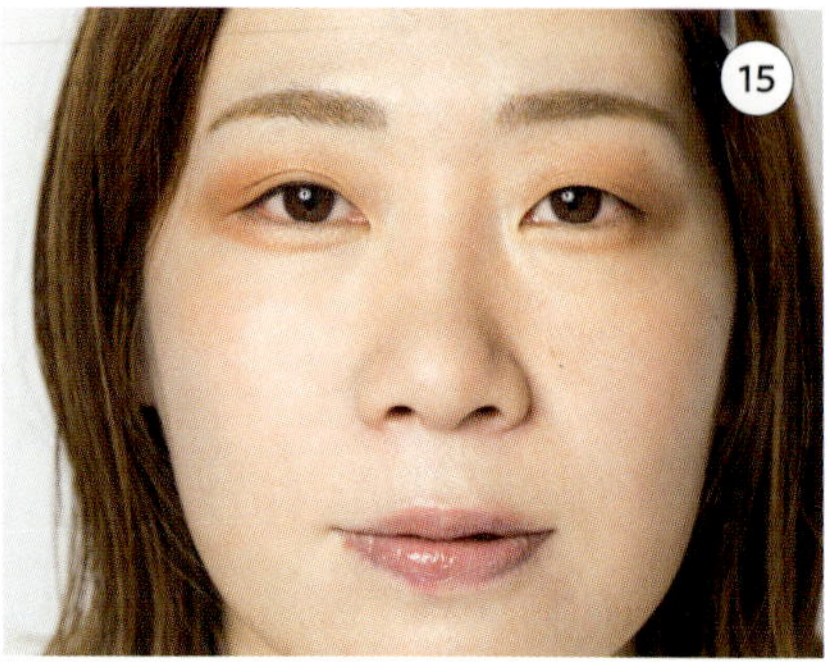

11.リッププランパーを塗ってふっくら唇を仕込む　**12**.明るいブラウンの眉マスカラで色を調整、一気に垢抜け度がアップ　**13**.明るいベージュを指に取り、上まぶた全体にON。内→外に向かってなじませる　**14**.オレンジ系のアイシャドウを「ここまで目があればいいのに」という位置まで入れる　**15**.同じ色を下まぶたに入れ涙袋を強調

16,17,18.目を縦に大きく見せたいので、芯の太いアイライナーで、ほしい目幅まで線を引く　**19**.細いアイライナーで下まぶたのフチにラインを入れる　**20**.少し濃い色のアイシャドウをブラシに取り、上まぶた全体に重ねる。目尻側は少し濃くなるようにして幅を出す

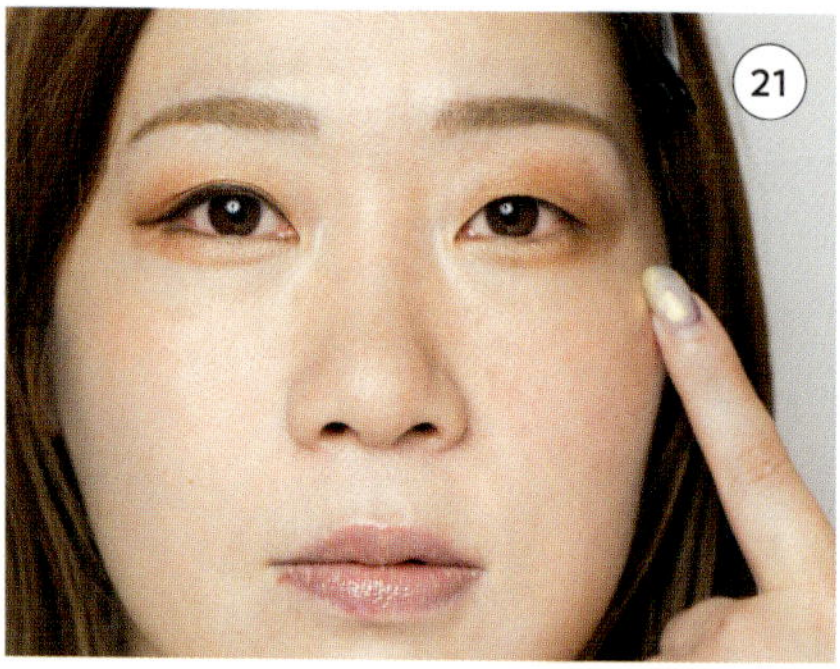

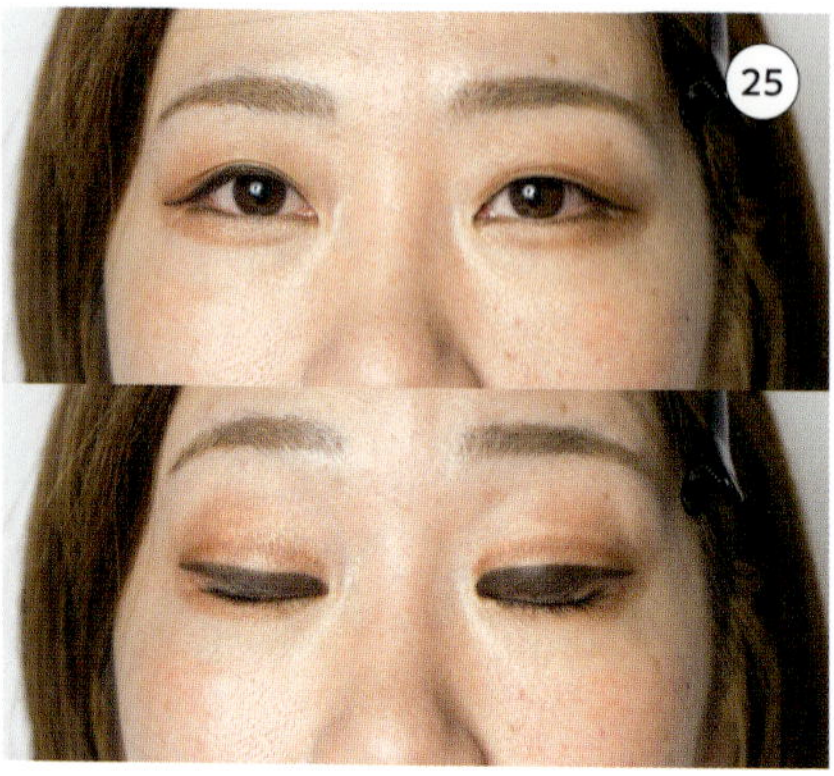

21.左右でこんなに違いが。ここから合わせていく　**22**.右目の仕上がりに合わせて左目もメイク。目を開けたときに同じ大きさになるくらいまで、アイラインを入れる　**23**. 濃い色のアイシャドウで、「二重に見せたい部分」を埋める　**24**.上まつ毛に黒のマスカラを塗り、ホットカーラーで持ち上げる。下まつ毛にも少しだけON　**25**.目を閉じるとアイラインの太さが左右で全然違うのが分かるはず!

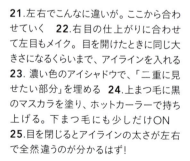

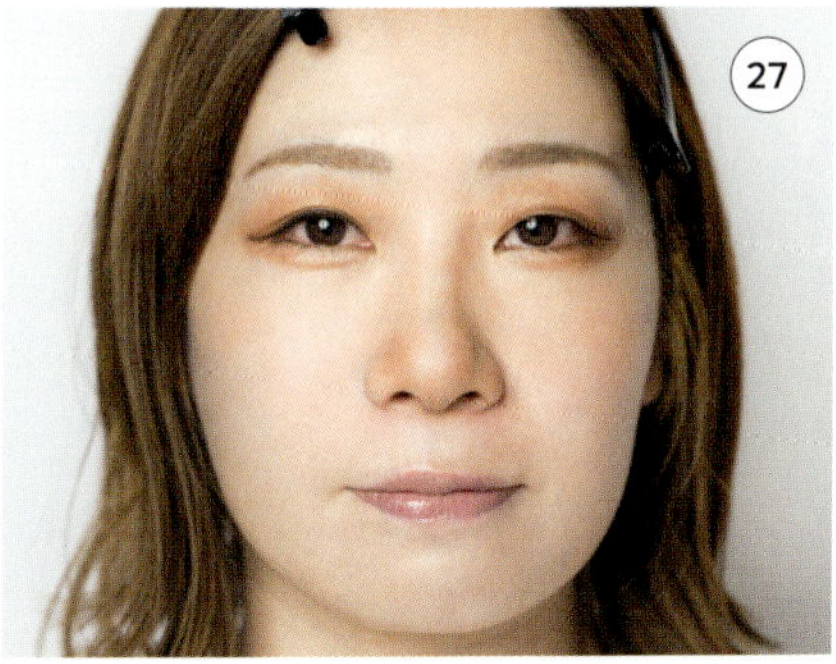

26.鼻をシュッとさせるため、眉パウダーを小さいブラシに取り「ここに鼻筋があればいいのに」という部分と鼻の下に線を入れて、なじませる　**27**.パウダーで影を入れたことで鼻先に高さが出て、シュッとした鼻が出現！
28,29.ハイライトを指に取り、鼻を高く見せたい部分、上唇のフチになじませる

30.「**11**」でつけたリッププランパーをティッシュで軽く拭き取る　**31**.笑ったとき高くなる位置にオレンジのチークを入れてブラシでよくなじませる　**32,33**.シェーディングブラシにブラウンのチークを取り、耳下から顎まで輪郭を削るように入れる

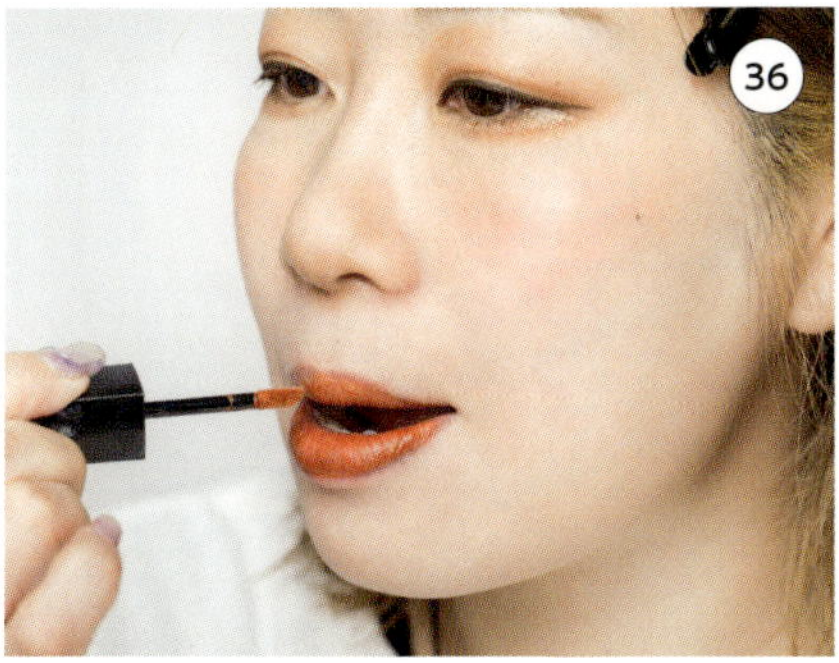

34.ブラシに残ったチークで、首筋にも縦線を描くように影を入れる　**35.**フェイスパウダーをもう一度軽く重ねる　**36.**落ちにくいブラウン系のマットリップを唇全体に塗る　**37.**軽くティッシュをくわえてオフ。この一手間でリップが落ちづらくなる

▼

38.中央にだけ、ツヤリップを重ねて立体感を出す　**39**.最後に眉の横、目の下の三角ゾーンにツヤをプラス
40.前髪をおろして整えたら……

Finish!

これで、いつもの「おかだゆり」の完成です。
今回お見せしたのはあくまで「私の」メイクなので、
このやり方が皆さん全員におすすめですよ！　というわけでも、
正しいメイク方法というわけでもありません。
私が自分の顔に求めるのが「くりっと大きな目」と「小さい鼻」。
自分の持っている要素がどうやったらそこに近づけるか、
それを追い求めたのがこの結果です。
どう見せたいか、どうなりたいかを具体的にイメージできれば、より上手くいく。
メイクと着やせは、似ています。

COLUMN

”便利グッズ“を取り入れよう

▼

▼

▼

その1

ゴムバンド

P57のスウェットのようにトップスの丈を折り込んで調整するのに便利なのが、100均でも買える太めのゴムバンドを輪っかにしたもの。①ボトムスの上からゴムバンドをはめたら②トップスの丈の長さを決め③バンドと一緒に引っ張って折りこんだら④調整完了！

その2

付け裾

シャツを重ね着したように見せられる付け裾も便利。太ももの出っ張りが気になる私は、その部分までコレで隠してまっすぐ脚を演出。長く出しすぎても脚が短く見えてしまうので全身鏡でバランスをチェックしてくださいね。

SIDE!

GOOD! ○

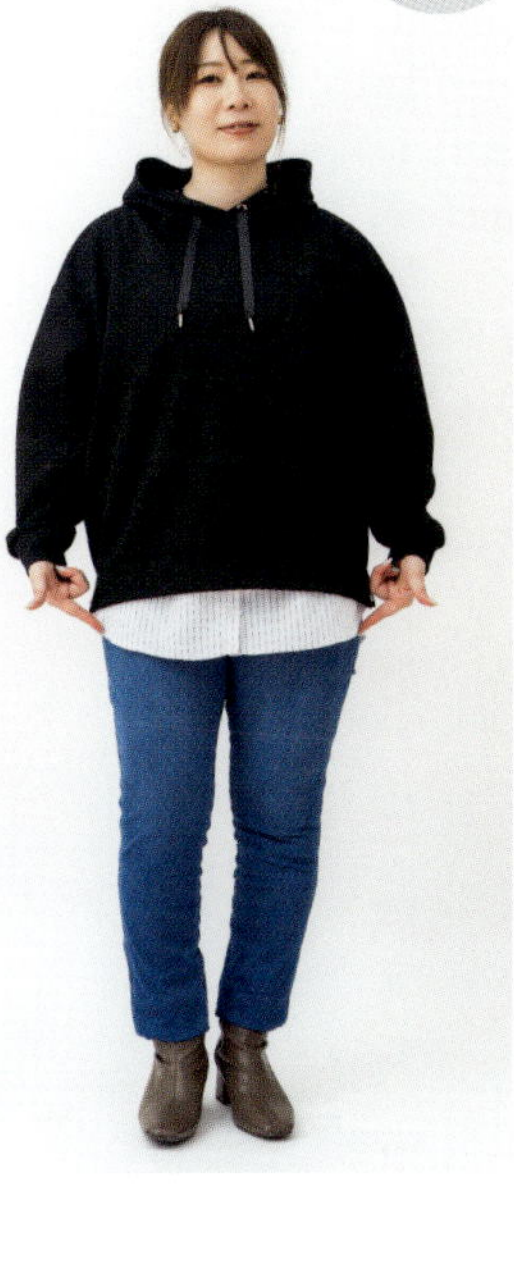

NG ×

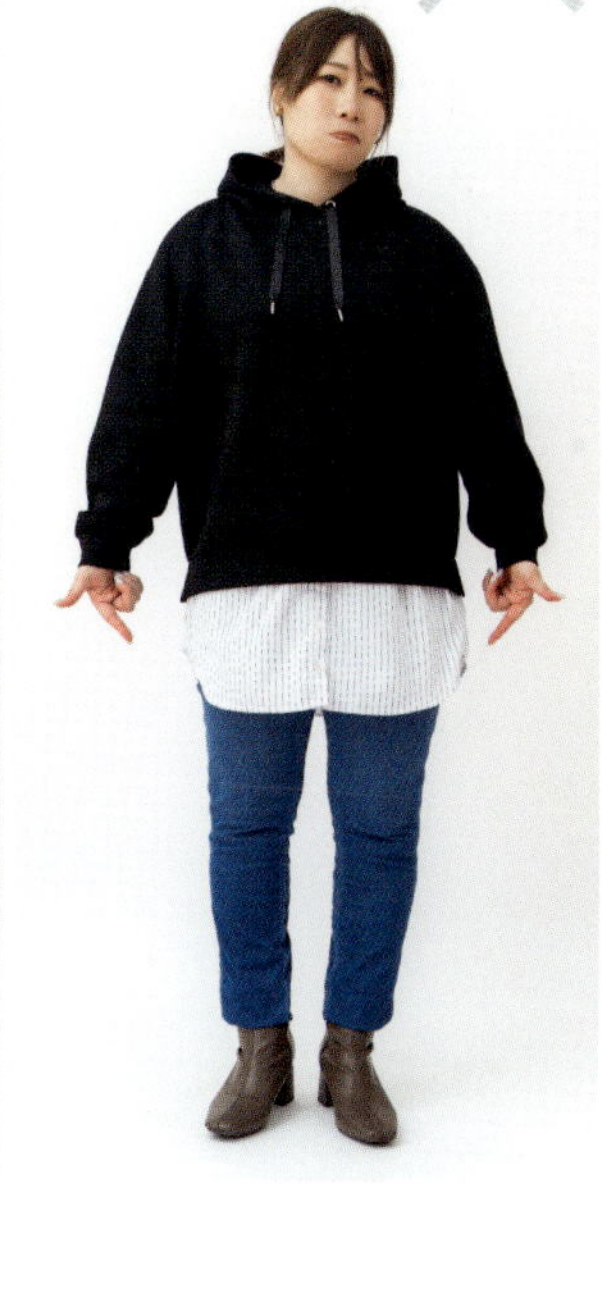

COLUMN

おすすめボーダー、教えます

1枚で爽やかかつ清潔感のあるカジュアルな着こなしが決まる、ボーダートップス。何にでも合わせやすいのでぜひ取り入れてほしいアイテムです。

とはいえボーダー（横縞）って、どうしても太って見える柄。そこで着やせ組におすすめしたいのは、写真のようなパネルボーダーです。これは首元や袖口、裾など一部分が大きく無地になったデザインのもの。顔と柄の距離が離れているため、抜け感が出て詰まった印象を回避する効果があります。

ハリがあってボリュームを強調しやすいカットソーよりも、くたっとやわらかで落ち感のあるニットなどがベター。服の中に空気を入れることで余裕が生まれて、スッキリ度がさらにアップします。

肩まわりにゆとりがあり、たっぷり広がるワイド袖ならなおよし。腕に空気感が出て苦もなく細見えします。

ラインのスタート位置がずれているタイプならさらに◎。 肩がストンと落ちてボリュームダウンします。

首までラインがあると
横縞の圧迫感がすごい！

こんな格好もしてみたい!

「"甘め"テイストに挑戦するなら…」

私は花柄やシフォンなどがっつり甘いのは得意じゃないんです（笑）。ドルマンとプリーツスカートでゆるっとしたシルエットにしたら、あとはお花の形のイヤリングで華やかさをプラス。ちょっぴり甘め＆着やせ効果!

Theme

5

おかだゆり的

やせて見える小物づかい

ACCESSORIES

着こなしのアクセントとして欠かせない小物は、着やせテクが持つ視覚効果をさらに後押しする超重要アイテム。巻きもの、帽子、靴にベルトにアクセサリー。ちょっとしたものでも「あり」と「なし」での印象の違いは、一目瞭然！ お洒落度が上がるだけじゃないんです。

Scarf
巻きもの

例えばスカーフとなると小物としてのハードルが上がりますが、防寒を兼ねたストールやマフラーなら気軽に取り入れられますよね。首元に巻けば視線を中心に集めて横幅を気にならなくしてくれるし、羽織りにすれば肩や二の腕をカバーしてくれるしで、素材違いで一年中使いたいもの。

ポイントは、きゅっとタイトに締めるのではなく、顔の輪郭より外に布がくるようにすること。どこかにスカスカ感を演出するのが着やせの基本です。空気を入れながら肌をチラッと見せる巻き方をマスターしましょう。

キュッときつめに結んでしまうと首がほぼなくなって、丸み増大！

BEFORE

何もつけないと少し単調な印象ですが、1枚足すだけでこなれ感アップ。顔の輪郭よりも外側にふわっと巻くのが着やせのルール。肌がチラ見えすることで抜け感が生まれるのがわかりますよね。肩掛けの場合も同様に、首より外側に。

BEFORE

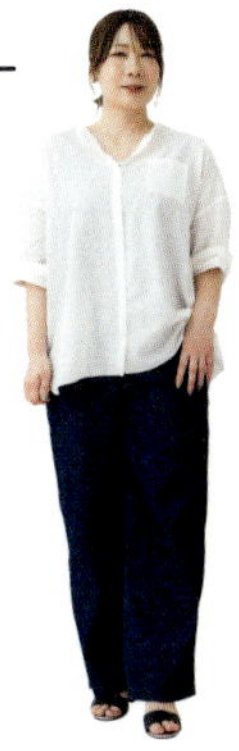

夏場は軽い素材の薄手ストールを上手に活用。暑苦しい印象にならないように、涼しげな色を選ぶのもポイントになります。

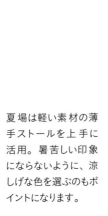

Belt

ベルト

実は私、ベルトって普段そんなに使わないんです。でも「ベルト付きのロング羽織り」を神アイテムに入れているように、その〝調整力〟はもちろん承知。視覚マジックの強い味方として取り入れるにはとても便利です。

　インパクトのあるデザインのものを選ぶ必要は全然なくて、ごく普通の何にでも合うものでOK！　体の中に線を引きたい部分にプラスするだけで、全体にメリハリが出て引き上がった印象に。お腹まわりを出せるワイドパンツに合わせるのがおすすめです。

ウエストインするわけじゃないから、
ベルトループは無視してOK！

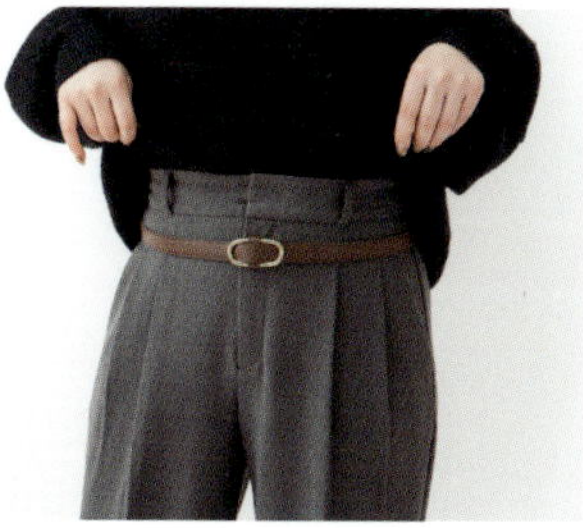

BEFORE

実際のウエスト位置ではなく、トップスをブラウジングしたときにバランスよく見える位置をマーク。ごくシンプルなデザインのベルトでも視覚効果絶大なのがわかりますよね。

BEFORE

ベルトを1本かませるだけで、ウエストが内側にあるように見えるし、“着こなし感”が格段にアップ！ 白Tだけではどうにも締まらないときの救世主になります。

Bag
カバン

カジュアルスタイルが多い私。普段使いに欠かせないのが、タイプの違うボディバッグです。

黒のボディバッグはカットソーやTシャツなど、のぺっとしがちな薄手トップスとの相性抜群。前で斜めがけすることで立体感がプラスされ、そこに視線が集中します。横幅広めに見えるボーダーも不思議とスッキリ！　やわらかなニットには、太いストラップのものをショルダーバッグとして使用。視覚的に肩幅を削ってくれるし、ニットを着ると強調される肩の丸みを、面の広さで打ち消してくれます。

ボディバッグの斜めがけは、もはやベストを1枚差し込んだくらいの意味あり。占める面積が大きいので黒やネイビーなど締め色を選ぶと、より効果を発揮します。

AFTER

BEFORE

細いストラップはニットに食い込んで肩のボリュームを強調しますが、太いストラップなら体の面積を見た目で削ってくれる上、肩の丸みも気にならなくなります。

AFTER

BEFORE

Hat & Cap

帽子

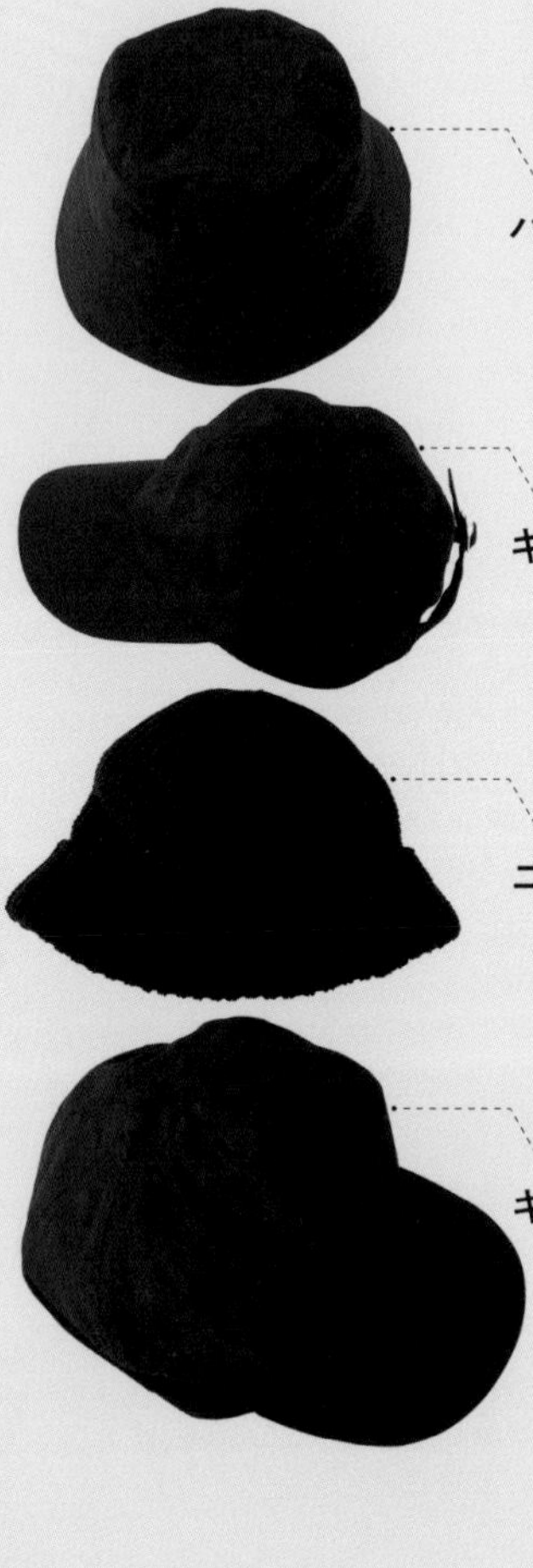

帽子って本当に便利で、私はもう手放せません。布と布で顔の肉を〝挟む〟ことで、肌の表面積を小さく見せられるんですよね。自分の「額縁」を大きくしていくのが、帽子の役割。私がよくかぶるのはバケハ、キャップ、ニット帽、キャスケット。顔より幅の大きいものを選ぶのが鉄則です。

帽子ビギナーには断然バケハ。ぐるりと顔を覆うツバが小顔効果抜群です。キャスケットも、顔幅に合わせて調整しやすいので便利ですね。とにかく帽子はサイズ感命！何にでも合わせやすい黒やネイビーなら間違いありません。

浅くツバの幅が狭いタイプは、顔が前面に出て実物以上に大きく見えます。キャップはできれば試着してからがベター。

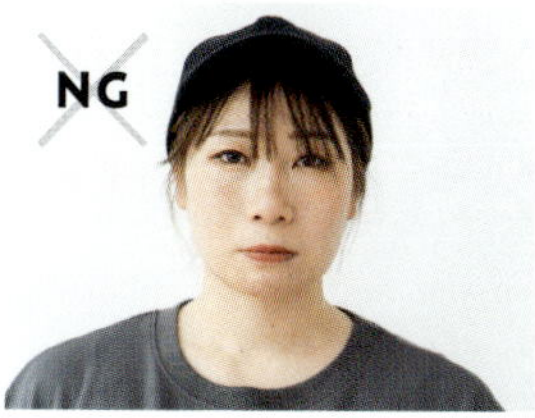

01

01_キャップは深め＋ツバの中に顔が入るサイズが正解。

02_キャスケットはかぶってから顔幅から広がるようにサイドを引き出して。

03_みんなの味方・バケハ（バケットハット）はこれ。

04_ニット帽は“細い部分”である首を出して隙間をつくることで小顔に。

02

03

04

髪を下ろすと余白がなくなり、詰まった印象になってしまいます。この場合は首を出した方がずっとスッキリ。

Shoes & Sandals

履きもの

私は身長155㎝。理想の頭身バランスに近づけるために、履きもので縦ラインを伸ばして盛りたい気持ちがある！　だから基本的にサンダルやスニーカーは厚底を、パンプスやブーツはヒールありを選びます。でも身長が高い人はそれに限らない。要は〝脚長〟に見えればいいんです。

足元にボリュームがあると相対的に体が小さく見えるので、存在感のあるものがいいですね。

サンダルだったら先が詰まっていないとか、スニーカーなら思い切って白とかコーデに軽さを出してくれるものを持っておくと便利。

サンダルは濃い色だったらつま先が抜けているものを選んで、肌色の面積を増やしましょう。これで一気に軽くなります。パンプスは一足持つならまず、ベージュ。肌の色とつながって、“縦”の比率が多くなります。

AFTER

BEFORE

底の薄い地味色スニーカーを合わせると「足、小さっ！」からの「体、デカっ」ってなりますよね。しっかり主張する厚底の白スニーカーなら、自然なバランスに。

Accessories
アクセサリー

アクセサリーの視覚効果って本当にすごいんです。顔まわりって何もつけないと、皮膚・髪・布（服）ってナチュラルな素材だけでできたいわば丸腰状態。輪郭、首、肩幅がそのまま丸見えなんですよ。そこにアクセサリーという金属＝異素材を投入すると、視線が自然とそっちに集中！　印象がグッと引き締まるんです。

大ぶりのイヤリングは目線を上げて顔を引き上げてくれるし、長さのあるネックレスは縦ラインを強調して、首をスラリと見せてくれる。あるとなしでは大違いなので、ぜひ試してみてください。

肩幅が広くてイヤという人は金属＝ネックレスを真ん中に入れてあげましょう。視線が真ん中に来て肩幅に目がいかなくなるし、縦ラインが下に伸びることで、首も長く見せてくれます。

輪郭の最終地点にイヤリングがあることで、目線が引き上がって引き締まった印象に。大きめのイヤリングが耳とフェイスラインの距離をグッと近づけてくれます。さらにキャスケットをONしたら、この違い！

こんな格好もしてみたい！

「“カッコいい！”に憧れます」

カッコいいのは大好き！ハリのある素材や硬い質感でマニッシュにまとめつつ、インナーと小物でやわらかく。全身黒だと重たくなるので、グレーで外すのもお約束です。

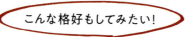

こんな格好もしてみたい!

「たまにはちょっと色っぽスタイルも…」

透ける素材とタイトなスカートで、王道の色っぽコーデ。ベージュと黒でシックにまとめればだらしなくなりません。シャツでお尻をカバーしつつ後ろスリットでちらっと肌見せ。普段はこういう格好しないですけどね（笑）。

BACK

COLUMN

知ればもっとやせ見え!!

「色」と「素材」の話

着やせのメソッドの基本となるのが、
色と素材をどう選ぶか。
百聞は一見にしかずの視覚効果、
どうぞご覧ください。

少しでもやせて見せたいとき、みんな大体、黒を選びます。それは半分正解で、半分不正解。**色って、素材の質感によってその働きが変わるんです。**

例えば春夏の暖かい季節。トップスはTシャツ、カットソーみたいなやわらかい素材のものが多いですよね。この場合の**やわらかい＝伸縮性がある**ということ。よく伸びる生地は同じくやわらかな贅肉に密着するから、丸みがそのまま出てきます。肉に引っ張られ

BLACK
[ブラック]

同じ素材の同じアイテムを、黒に変えただけでこの違い。黒の“色”としての引き締め力は絶大。

OFF WHITE
[オフホワイト]

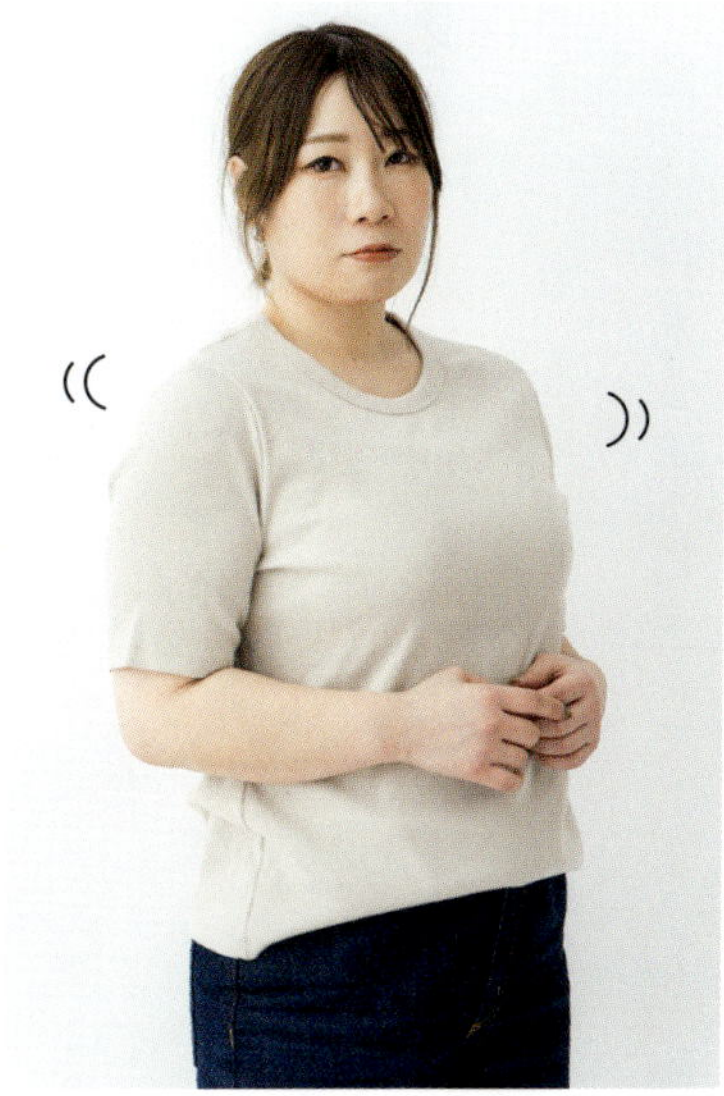

やわらか素材（リブTシャツ）×薄い膨張色はシワが寄りやすく、肉感も拾ってみっちり。

↙てシワも寄るから、そこに影ができて腕！とかお腹！とか、パーツをはっきり主張させちゃう。特に**白系の膨張色は、影が目立つので太見え必至**。明るい色を着るなら光沢のある素材を選んで、シワや影を飛ばすといいです。**反対に黒は、まず影が入らない**。だから同じ伸びる生地でもシワの存在があんまり目立たないんですよ。暖かい時期の服は布量が少ないし、生地も薄くて肉感が出やすい。だから布をまとう部分に、黒や紺など締め色を持ってくることで、肉の段々やシワによるムチムチ感を隠すことができるんです。

でも秋冬もそれが通用するか？というとちょっと違って。秋冬は羽織りをまず「締め色だから」って黒にする方も多いんですけど、体全体の輪郭が黒だと今度は逆にメリハリがなくなって、大きなかたまりになってしまう。秋冬の服はまず生地が分厚いのでどうしても、実際よりも体の輪郭が外側にあるように見えてしまうんで↙

PLUS BLACK

[プラスブラック]

同じ羽織りをブルーに変えて、ネックレスで質感をプラス。真ん中がシュッとして縦長に！

ALL BLACK

[オールブラック]

地厚の羽織りとデニムのオール引き締め色コーデ。メリハリがなく、大きな黒いかたまり感がある。

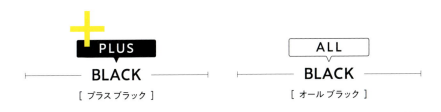

す。しかも**寒い時期って、着やせの法則である「細い部分を出す」ことが難しい**。だから、黒を選ぶことが逆効果になってしまうこともあるんです。

解決策は“全身締め色コーデ”をやめて、外側に色、内側に黒を配して挟むこと。真ん中がぎゅっと締まって縦ラインができるので、着やせ効果は一目瞭然です(P123)。もし羽織りは黒しか持ってないよ、という方は、内側に明るい色を一色入れてあげるのでも同じような効果がありますよ。

膨張色にはシワや影を飛ばしてくれる「光沢」が大事とお伝えしましたが、例外はシャツ素材。薄手でやわらかですが、伸縮性がないので肉を拾わず着やせ力は抜群。清潔感もあるので大人のカジュアルにぴったりです。お腹や腰まわりなど**気になる部分をカバーできるオーバーサイズを選んで、内側を黒で引き締めれば**、膨張色でもスッキリ! 色と素材の関係って本当に奥深いんです。

輪郭ふわっ!
オーバーサイズの
白リネンシャツが
いい仕事してます。

気になるぽっこりお腹や
太ももの張りさえ隠して
しまえば、問題ナシ!

横から見ても
こんなに

失われし
ツヤとハリは
服で足せばいい

細くなくても細くは見せられる

こんな格好もしてみたい！

「膨張色コーデだって怖くない！」

真っ白は難しいけれど、オフホワイトやアイボリーならこの通り。ドルマン＋タックパンツ、さらにシャツを中に着て顔まわりに立体感をプラス。トップスをブラウジングして、身幅にゆとりがあるように見せれば、完璧！

Theme

6

おかだゆりが
あなたの質問にお答えします
Q&A

Q&A

SNSに寄せられた質問や、試着会で聞かれることが多い内容にまとめてアンサー。体型に関する細かい部分は一人ひとり違うけれど、「そうそう、私も〜！」っていう共通のお悩みもありますよね。〝着やせをもっと楽しむヒント〟としてご活用いただけたら、嬉しいです。

QUESTION 1

帽子が好きだったんですが、太ってから顔の大きさが強調される気がしてかぶれなくなりました。 解決策はありますか？

A

サイズ選びにひと工夫を！

頭と顔が大きい場合、大切なのは〝かぶり方〟ではなく〝帽子のサイズ〟なんですよ！　頭のサイズに合ってないと余計顔が大きく見えたりしませんか？ 一般的な帽子のサイズはだいたい頭囲56～58cmくらい。太って顔が大きくなる=顔の下の方に肉が付くと、帽子でぎゅっと押さえた分との対比で顔がより大きく見えてしまいがち。メンズコーナーの大きいサイズにある頭囲60～63cmくらいのものを選んで、顔より帽子の存在が大きく見えるようにしてみてください。

QUESTION 2

大荷物のときは手が自由になる大きめリュックが持ちたい！合わせる服は何がいいですか？

A

体のラインが分かりにくいものが相性よし

大きめのリュックは、胸まわりや腰まわりが引っ張られたりして体型が目立ちやすいので、しっかりめの生地のパーカや、シャカシャカ素材のマウンテンパーカ、伸びない綿のシャツなど、体のラインに響かない、かつリュックに傷めつけられない生地のものを合わせてみてはいかがでしょう。

QUESTION 3

肩まわりをスッキリ見せたくて襟を後ろにずらして着るんですが、しばらくして鏡を見ると絶対元に戻っています……どうやったらキープできますか？

A

もしかしてイカリ肩さんですか？

イカリ肩さんは肩の先端が上がっていることもあって、せっかく襟を開いても外から押し戻されてしまうことがあります(特にシャツ!)。例えばインナーを首に張り付かないプチハイネックやボトルネックにすると、首~肩までの間に段差ができてメリハリが出るので、戻ってしまってもスッキリ見えるかも。あとは、袖先にボリュームのあるものを選ぶと、肩まわりの威圧感から視線が逸れるのでおすすめです。シャツは上までボタンを留めて着ることがないのであれば、好みの開きをキープできる場所で身頃と襟を何点か縫い留めて、キープしちゃうのもアリです！

QUESTION
4

チビ+短足なので、股を隠そうとトップスを長くすると上半身ドーン&さらに短足に見えてしまう……一体どうしたらいいの?!

A

付け裾で自分のベストバランスを見つけて

程よい長さのトップスに、下から穿くタイプの「付け裾」を合わせて股を隠せば、バランスのいいコーデができると思います(P101参照)。最近はゆるっとしたショート丈トップスがたくさん出ているので、低身長さんこそレイヤードを駆使すると◎! 帽子やアクセ等で上の方にポイントを置いて視線を上げる技も有効ですね。

QUESTION
5

通販で失敗したくない!サイズ選びのコツが知りたいです!

A

手持ちのアイテムのサイズを測っておくこと

買いたいものと同じ素材、または同じタイプの〝手持ち〟のお洋服で、気に入ってよく着ているもののサイズを測る→それと同じサイズ感のものを選ぶようにすると失敗しにくいです。特に身幅はこの方法がおすすめ! もしも、体のラインを拾う小さいサイズのものを無理やり着ていたのなら、プラス10cm以上身幅があるものを選んでも大丈夫だと思います。あとは、着こなしの参考にしたい人が〝どのくらいの丈感で着ているか?〟を見て、手持ちのものがそのくらいの丈かどうかを、実際に着てみてチェックする。そこからマイナスもしくはプラス何cmくらいか予想して買うと失敗しにくいです!

QUESTION
6

昔から太っている人生。あえてのサイズアップって勇気が要ります……

A

自分が何サイズを着てるか、他の人には分からない!

その気持ちめちゃくちゃ分かりますし、同じ気持ちの方もたくさんいらっしゃいます! でも、皆さんにお伝えしてるんですけど「サイズタグ」は服の内側に付いているので、何サイズを着てるかって他人にはわからないんですよね。Lサイズを着てブラのハミ肉とか腰まわりの肉が服に響いているのと、あえて3Lくらいを着ることで空気を纏って逆に細く見えるのと…どちらを選ぶかは本当に自由。私は、着やせで細く見せるのが好きなのでもちろん、後者。元は48kgだったのが今は65kgありますが、その自分を受け入れて毎日楽しくありのままでいられるのは、服を着こなすスキルがあるからだと思ってます。着やせが上手くいけば太っていることを忘れるんで(笑)、サイズタグはハサミで切っちゃえばもう何サイズか100%分からないですよん!

QUESTION
7

ロゴで視線を引くといいと聞きますが、絵とかでも大丈夫でしょうか？ またボトムスが黒ばかりなのですが、Tシャツも黒だと真っ黒で塊になりすぎますか？

A

絵やイラスト、もちろん大丈夫です！

縦長のグラフィック（絵やイラスト、ロゴなど）は体も縦長に見えるので特におすすめです。ボトムスが黒の場合は半袖なら同じ色（黒）でも腕など肌が見えるのでOK! 長袖の場合は、Tシャツは黒以外にした方が塊にはなりにくいですね。さらに中央縦に視線をまとめるといいので、グラフィックが黒や濃い色のものを選ぶといいかもです（P84参照）。

QUESTION
8

ウエストインが苦手で、なんだか似合わないし上手くいかなくて断念しちゃいます……克服する方法ありますか？

A

しっくりこないうちは、無理にトライしなくてOK!!

なんかしっくりこない、なんだか変だな…って感じるうちは、やめるのが正解だと思います。お洒落って本当に自己満足の世界なので、心の治安がいちばん大切。「本当にこれであってるのかな…」って不安な気持ちでお出かけするよりも、安心できる方がはるかにいいので…! ただしそれでもトライしたい！ というアナタへ。ウエストインは羽織りを合わせると上手くいきやすいので、そこから始めてみてもいいかもです!

QUESTION
9 髪はまとめた方がやせて見えますか？

A コーディネートによります

私の場合は首が短めなのと、肩が分厚い+なで肩で丸っこいので、襟やフードがある服のときは特に、髪をまとめて首を出して細い部分を強調することが多いです。逆に襟がない場合、首の付け根もむっちり太いので、ただ単純に髪を上げるとゴツく見えたりします……。なので、その時着る服と要相談ですね。

QUESTION

10 ストンとしたワンピースがお尻の上に乗ってしまう問題に解決策はありますか？ サイズを上げるしか思いつかず……

A 体型の特徴に合わせた素材や形選びで解決して

私自身は肩もがっしり、腕もがっしり、背中も分厚めなので、ストンとしたワンピースでもお尻に乗りにくいんですが、お尻に乗っちゃうパターンとして多いのが
①下半身の方が肉付きがいい
→上半身よりも物理的に出っ張っているから乗っちゃう
②胸板が厚い、胸が大きい
→胸で前に布を引っ張られるからお尻の分が足りない
……とかだと思うんですよね。

だからサイズを上げたとしても、物理的にお尻の方が背中より肉付きがよい場合は乗りやすいです。それが重力、この世の掟……!

なので解決方法としては、
①シャツワンピなど素材に伸縮性がなく少し光沢感のあるものにする
→引っかかりにくいのでお尻に乗りにくい
②Aラインでスカート部分がしっかり開くものを選ぶ
→生地が足りるので乗りにくくなる(ただし胸が大きい場合は足りないかも)
③脇下(身幅の数値)にゆとりがあるものを選ぶ
→生地が足りるので乗りにくい
……などかなと思います。体の輪郭とか肉付きの場所によって対策が変わりそう! 参考にして試着をしてみてください。

QUESTION

11 今ある服では着やせできていないことは分かったのですが、正直どこから始めればいいのか分からなくて……

A 挑戦したい「ワクワクの1着」を決めるところからスタートして

いいですね! この〝どこから始めればいいのか分からない〟っていう気持ちはすごく大切で、手当たり次第に手を出して分からなくなり、タグすら取ってない服が増えてしまう……という状況よりよほどいいです、ナイスブレーキ!! 〝どこから始めるか〟を頭で考えるより、〝さあ、私はどの人のどんなコーディネートを真似してみたいかな、どんなアイテムを取り入れてみたいかな?!〟ってワクワクしながら最初の1着のイメージを固めるところから始めてほしい。それが決まったら、合わせるならどんな形を選べばいいだろう?って考えて、広げていく感じです。逆にその〝最初の1着〟が決まるまではのんびりしてて大丈夫。焦らずいきましょう。

QUESTION

12

カーキのパンツとか可愛くて好きなんですが、汗っかきで悩ましいです。 膝裏や足の付け根が汗で色が変わってしまうのが怖くて…汗対策ってありますか？

A

速乾性のある生地や総柄を選んでみて

最も汗が目立たないのは、総柄かつ接触冷感や夏用素材(吸湿速乾など)の薄手のもの。 特に総柄は、汗が本当に目立たないのでおすすめ！ 逆にチノパンみたいな生地がしっかりしたタイプは、汗が目立ちやすいと思います。中に接触冷感のペチパンツを入れるなども対策としてはありますが、本気の汗は貫通する気がするので、猛暑日は避けて30度を切るくらいの時期に取り入れるのがよさそう。

QUESTION

13

大きなフードや襟のある服の場合、ハットはバランスが悪いですか？ ニット帽もキャップも似合わず、ハットしかかぶらないんです。

A

着やせをメインに考えた場合はおすすめしないかも

大きなフードや襟がある服にハットをかぶる場合
・首が短い
・肩周りががっしりしている
・上半身に厚みがある
ような体型だと、帽子のツバと大きめの襟が合体して、細く見せるポイントの〝首〟が埋まって見えてしまうことが多いんです。なので、首が長い体型であればおすすめできるんですが、着やせしたいという場合はあまりおすすめはしないです。ツバが狭めのコンパクトなバケハであれば、比較的大丈夫かと！

QUESTION

14

トップスが赤とか緑の場合、靴は何色が合わせやすいですか？

A

黒やこげ茶の無難色、または思い切って白も◎

服にカラーを入れる場合、基本的にそれ以外はグラデーション(暖色寄りか寒色寄りかなどで服の色味に近づける）にして、靴は無難な色にしておくとまとまりやすいです。が！ 私は、トップスに派手カラーの場合、ボトムスに黒か濃いデニムを持ってきて、靴は白で抜け感を出すことが多いです。ただし、派手カラーのトップスに白の付け裾を付けた場合は、できるだけ足を長く見せたいので黒の靴やサンダルを履くことが多いですね！

インスタのコメントでいただいた質問のお答えです!

QUESTION
15

胸、お腹、 腰周り、お尻が
同じくらいの「寸胴ドラえもん
産後体型」で悩んでます。
前から見てよし! 後ろもよし! と
思っていても鏡に映る自分に
嫌気がさす……。
横から見るといつもデブ。

A

**横からの“幅削減”には
ボリュームのある袖を利用して**

横から見たときの体の厚みを軽減（気にならなくする）には、〝袖幅を広げる〟のがおすすめです！ 半袖なら袖先がしっかり開いた少し長めの袖丈のもの。長袖なら〝ぽわん袖〟ともいわれるボリュームがある袖にすると体の幅との差が縮まって横からの厚みが気になりにくくなりますよ。ドアノブに引っかかったりしますが（笑）。

QUESTION
16

滝汗人間で、
汗じみを気にするあまり
ボーダーばかり着てしまうのですが、
横に大きく見えてしまうのと、
マンネリコーデになりがちです。

A

**汗じみ対策はそれ用のインナーに
頼るのが正解!**

めくらましになるボーダーの選び方は、この本のP.102を参考にしてみてください！　そして汗じみのお悩みよく分かります。汗対策ですが、私は脇や背中など気になるところをまるっとカバーしてくれる、いまだかつてない大きさの（笑）汗取りパッドがついたインナーを愛用しています！「滝汗　汗取り　インナー」で検索してみてください。

QUESTION
17

シースルーのゆるいタートルっぽい長袖の上から
半袖シャツを重ね着しましたが、
アゴと首の距離が短いのでなんだか苦しそうな
組み合わせに見えてしまいます。

A

**襟ぐりが広めに開いたものを合わせて
スカスカ感をプラス**

襟ぐりが広く開いたトップスを合わせてみてください！ シースルーの面積が増えて少しすらっと見えませんか？ もし結べる長さであれば、髪をまとめて襟ぐりに髪がかからないようにすると、さらにスッキリ！

こんな格好もしてみたい!

「ジーンズをお洒落に見せるには?」

中年になってお腹が出てくると、ハイライズを穿いたときにそこがすごく目立つ。光沢のないデニムなら尚更です。いいのがないかと試着を重ねて出会ったのが、このミドルライズジーンズ。股上の深さが丁度いいんです。ウエストに遊びが出るショート丈トップスと光沢のあるシアーなインナーを合わせて、軽やかに着るのにハマっています。

こんな格好もしてみたい!

「ハーフパンツなんて無理ですか?」

太めボディのハーフパンツスタイルは、“短パンぽさ”をなくすのが最重要。引き締め黒タイツと神アイテムのロングジレを合わせて大人っぽくいきましょう。ほっこり系は避けて、ツルッとした素材でシャープなイメージに!

ちらっ!

COLUMN

細く見せる写真うつりのコツ

若い子たちは写真で実物以上に盛ってうつる方法を知っているし、自然な加工もおてのもの。でも大人は写真に写った素の自分にギョッとすること、ありますよね。残るものですから、少しでもいい感じに写りたいのは当然です。

まずは、大きく笑顔！　年齢を重ねると、思った以上に笑えていないもの。だから**ほっぺと口角を思いっきりあげてビッグスマイル**。それから、一人遠近法！　手を前に伸ばしてそこでピースすれば、**奥行きが生まれる&手の存在感で小顔効果アリ**。そして最後は、**端っこにいかない！**　スマホのカメラは端っこになるほど太って見えてしまいます。人数がいるときはなるべく中央付近にギュッとなると、みんなが幸せになれます。

Say, cheese!

試着会に来てくださった皆さんと。隣はスタッフのゆかちゃん！私たちだけちゃっかり一人遠近法ピース、やってます。

楽しんで
もらえた?

Thema

7

おかだゆりって こんな人

ALL ABOUT YURI OKADA

体型にコンプレックスを持つ人を、ファッションの力で支えたい。この世界に進むまでは、全国で一、二を争うアスリートとしてレスリングに情熱を注いでいた私が、いかにしてファッションデザイナー、そして「着やせの達人」となったのか？ その道のりを、まるっとご紹介します。

1984
滋賀県に生まれる

1991
小学校入学
父・兄の影響で柔道を習い始める

1997
中学校入学
柔道部に入部

turning point

1998
中学2年生。買い物中に言われた友人の悪気のない一言に衝撃を受ける

2000
滋賀県立八幡工業高等学校入学
レスリングと出会い、レスリング部に転向入部
中京女子大学（現・至学館大学）の合宿に参加し、覚醒

2003
中京女子大学（現・至学館大学）に入学

2004
ジャパンクイーンズカップ優勝
アジア選手権で銀メダルを獲得

2005
ユニバーシアード出場

2007
ワールドカップ48kg級を全勝で個人優勝

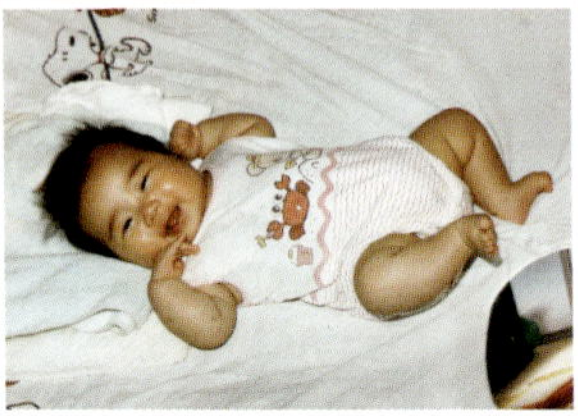

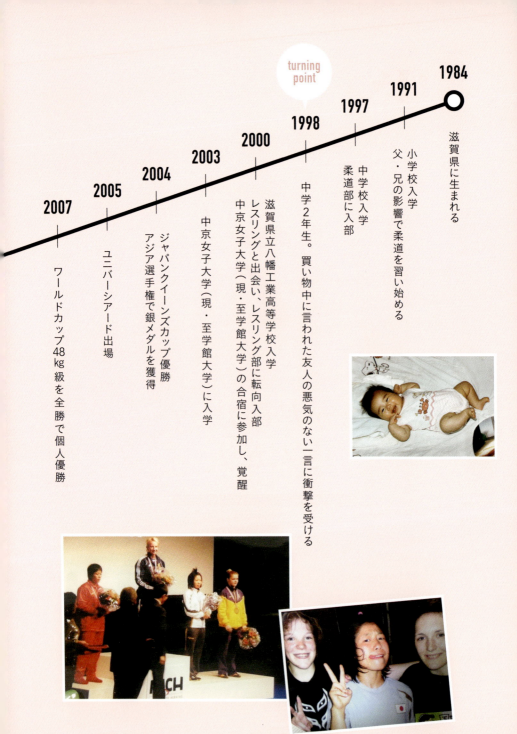

HISTORY *of Yuri Okada*

おかだゆり年表

2008
全日本社会人選手権初優勝

2009
オーストラリアオープンで国際大会初優勝
世界選手権で銅メダル獲得
全日本選手権でオリンピックメダリストを破り初優勝

turning point
2011
レスリング競技選手引退

2012
バンタンデザイン研究所入学

2013
アパレルでアルバイトを始める

2015
女子アスリート専門のファッションブランド「KINGLILY」を立ち上げると同時に会社設立

2020
インスタグラムで着やせのライブ配信スタート
ファッションセンターしまむらとのコラボレーションがスタート

2024
現在に至る

©Sachiko HOTAKA

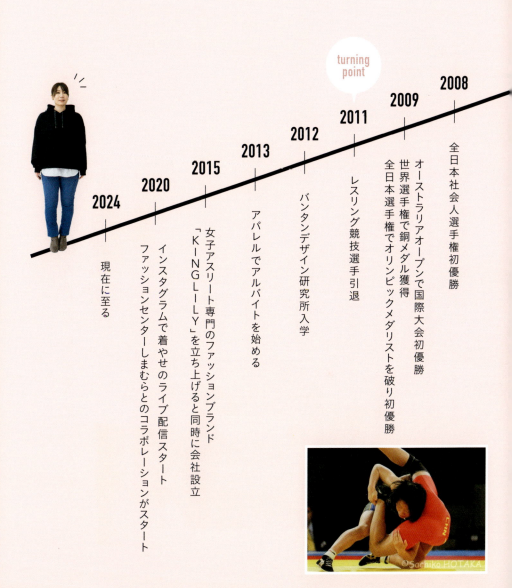

アスリート人生を歩んだからこそ生まれた〝着やせ〟という日常の幸せ

柔道一家に生まれて

小学一年生で、柔道を始めました。父が、柔道の指導者だったんですけど、私お父さん子だったので父といられるのが嬉しくてね。でもそのうち柔道自体が大好きになって、中学では全国3位になったんです。でも柔道って、中学生から締め技が入ってくるんです。それがキツくて、苦しくて。なんでスポーツなのに相手を苦しめるようなこと……って。だから柔道は中学卒業したら辞めようって密かに決めて。親にも周りにも辞めると言ったら反対されるので、自分のペースで柔道がやれるところに行きたい！って説得して、近くの公立高校に進んだんです。

柔道部に籍だけは置いていたんですけど、もちろん練習には全然出ずに、ＪＫ生活やったれ！ってギャルになって。女子同士仲良かったんでカラオケ行ったり京都行ったり、イエーイ最高！って思ってたんで

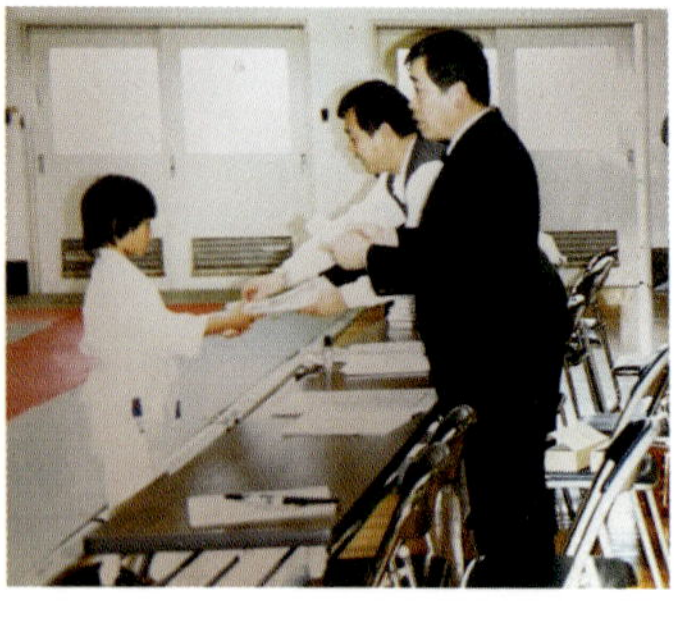

アスリート人生の原点となった大好きな柔道。

右に写っているのは大学レスリング部の先輩・吉田沙保里さん。

すけど、一週間もしたら急に虚しくなっちゃって。それまでずーっと練習を重ねて積み上げて、試合で結果出して……ていう日々だったから、**この変わり映えしない毎日をどうするの?**ってなって。

〝柔道はもうやらない〟と決めていたしどうしようとなったときに、レスリング部からも声をかけてもらってたのを思い出したんです。見に行ったら高校から始めた人ばっかり。子供の頃から柔道をしていた私は男並みに体力があって、すぐ強くなっちゃったんですよ。それで楽しくなって転部しました。男子にも勝てるし、**我、最強也**みたいな(笑)。そしたら顧問の先生が、至学館大学（旧・中京女子大学）のレスリング部の監督とつながっていて、「強い奴がいるから面倒見てやってくれ」って勝手に連絡しちゃって。言われるがままに大学の週末合宿練習に参加したんです。

そしたらもう、その先輩たちが信じられないくらい強くて。私、生まれて初めて一秒も立っていられないっていう経験をしたんです。その合宿は本当に辛かったんですけど、先輩が当時、世界のベストレスラーに選ばれた人で。そしたら、この人を倒せたら私めちゃくちゃカッコいいんじゃない?って思って(笑)。そこから隔週で合宿に参加するようになったんです。でもその地獄の練習を毎日受けてる先輩方と隔週末しか受けられない自分とでは、差が全然縮まらなくて。早く大学生になりたいってずっと思ってました。

大学に入ってからは死ぬほど練習して少しずつ強くなっていって。**オリンピックを目指していた**ので、27歳まで社会人選手を続けました。

柔道もそうだったんですけど、私、強くなるために人よりたくさん練習するのは全く苦じゃないんですよ。楽しい、勝ちたい！って気持ちのときは、いくらでも頑張れる。そのときやっていることをめっちゃ好きになれる才能があるんです。でも、**周りに期待され始めると、弱くなる。**どうしても、その期待に応えたい！って思ってしまって、勝ちたい！から、負けてはならない、に変わっちゃうんですよね。だからこのときも、「オリンピックに出られてもいないのに、お給料までもらってしまって……」と、精神的暗黒期に突入しちゃった。自分で勝手に背負ってしまうんです。それで、もう自分には期待に応えられる能力がないと感じて引退しました。

ファッションに目覚めた中学時代

私の家ってスポーツ一家だったんで、中学生になるまで私服がジャージだったんです。ずっと柔道ばかりやっていたし、何も気にしていなかったんですよね。でも中学に入ったら急に、私服のイベントが入ってくる。うちはお小遣い制でもなかったから、**自分で服を買うっていうことをしたことがなかった。**

そして、あれは忘れもしない中2のある日、ショッピングセンターに一人で買い物に行ったんですよ。その頃にはなんとなく、〝お出かけするんやったらジャージじゃないな〟って、自分なりに思っていて。でも服を持っていないから、母のジーンズとカーキのフリースを着て行ったんです。そこで偶然めっちゃ仲良い友達に会って。そしたらその子がなんの悪気もなく、「**ゆり、オバちゃんみたいやなあ**」って言ったんですよ。

そこで「なるほど!」ってなって。自分て、オバちゃんみたいなんやなって。気にし始めたのは、その瞬間から。めっちゃ雑誌の立ち読み始めて、いきなりファッションに目覚めました。当時、カラフルなスウェットにヒッコリーを合わすっていうのが流行ってたので、ユニクロにいそいそと行って、雑誌の通りオレンジのスウェットとヒッコリースカートを試着したんです。そしたら鏡の中に現れた自分の姿が妖怪・塗り壁で、びっくりしちゃって。そこで初めて、雑誌で見るあの可愛い人たちと同じものを着ても、その通りにはならないんだっていうことを知って、またしても「なるほど!」ってなったんです。

モデルの子と同じサイズの服は、自分には入らない。でも単純に大きいサイズを着ても、同じような見え方にはならない。太っているわけじゃないのになぜ? **どうやったら服って可愛く見えるの?**

と、そこから自分に似合う服探しの旅が始まったんです。とにかく試着をしまくって、どう服を着れば憧れのあの姿に近づけるのかを研究する。本当にいまやっていることの原点ですよね。さらに初めて彼氏ができて、かわいくなりたい欲に拍車が掛かっちゃって。SNSもないし、情報は雑誌やテレビくらい。お洒落な服屋もなかったから必死でした（笑）。服を切って長さ調整して、脚が少しでも長く見える工夫をしたり。あとは絵を描くのが大好きだったので、こんな服ほしい！っていうのを絵に描きまくってました。

アスリートの体ってほんまにきれいなんですよ。私も現役時代は体脂肪率が10％あるかないか。肩はきれいに筋肉がついて、ウエストは締まってて、お尻はぷりーんって上向きで、ぼんきゅっぼんが筋肉でできている。だから自分の体は大好きでした。でもその頃はサイズがＳＭＬしかなくて、しかもいまより規格が小さかったんです。アスリートは肩・二の腕・太ももとか特定の部位の筋肉にボリュームがあるから、いわゆるスリーサイズが通用しない。そうなると肩幅はＸＬだけどウエストはＭ、みたいになってしまうから、本当に着る服がないんですよ。オーバーサイズが可愛いっていう流行もなかったから、体の線をそのまま出すか大きいところにサイズを合わせたスウェットかしかなくて、細くきれいに見せるってことが不可能だったんですね。その頃の私は、**太っているのがイヤなのではなく、太って見えるのがイヤだったんです**。それで、ああ、アスリートのためのお洒落な服があったらカッコいいやろうなって思うようになった。単に細く見せるんじゃなくて、体型を活かして美しく見せることのできる服。それって世の中にないよな、ないものをつくれたらカッコええな！って。そこから、いつか自分がレスリングを辞めるときがきたらそういう服をつくりたいなと思うようになったんです。

ブランドを立ち上げるまで

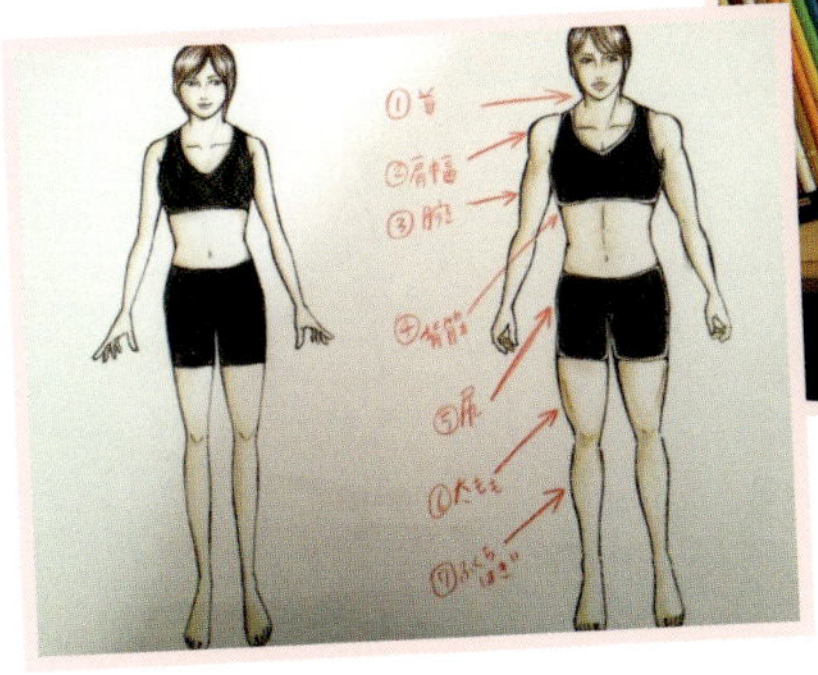

専門学生時代に描き溜めたデザイン画（右）と、オリジナルでつくったアスリート人型！

引退後は洋服のデザインを学ぶために上京して、バンタンデザイン研究所の社会人コースに入学。すでに28歳だったので、同級生にはバァって呼ばれてました（笑）。デザインの授業はすごく楽しかったんですが、服を美しく見せるために八頭身のマネキンを想定してデザインするのが、納得いかなかった。だから先生に、自分が服を着せたいのはこういう完璧な体型の人じゃなくてアスリートなんですっ！て自分が想定している人間の体をワーッて説明したんですよ。そしたらその先生がベースになる人型を一緒につくってくれて。それに着せるための服を、ひたすら描きました。

パターン起こしとか縫製とかテキスタイルの座学とか、デザイン以外の授業も当然あったんですけど、これが苦痛で。何回聞いても理解できないし、ミシンでまっすぐ縫うことすらできない。丁度その頃、〝服のつくり方絶対知

こちらも専門時代。この頃から自分の持ち物すべてに「KINGLILY」のロゴ入れていました（笑）

らんやろ〟っていうアイドルがブランドを出しているのを見たんですよね。この人、パターンとか縫製とか生地の勉強とかしてないよな。私も、やりたいのはこういうこと！ **できないことは他の人にやってもらえばいいやん**って気づいちゃって。自分の興味ない授業のときはずっと携帯いじったりしてたんです。そしたらある日「あなた、やる気がないなら帰りなさい」と先生に言われてハッ！として。ほんまに先生にも失礼やし、いまここにいる意味もないし、時間もないし！ となって、自主退学。

さてどうしようかなと考えて。いま実際に私がブランドを立ち上げたとしても、この何処の馬の骨とも分からん女性から服を売られても買う人はいないだろうと思ったんですね。だからまずは現場を知りにアパレルに行こう、と。アスリートじゃなく、**すでに細くて可愛くてファッションが好きな子に、私のコーディネート能力を認めてもらえるようになったら、勝負できるんじゃない？**って思って。最初は、服のサイズがないからスポーツ用品店しか受からなかったんですけど(笑)、私そこでめちゃくちゃ売りあげたんですよ。スポーツウェアのことなら任せて！って感じだったし、接客も好きだったし。で、そこから念願のカジュアルファッションのお店に移って、ここでまためちゃくちゃ売ったんです。私が提案するコーデをセット買いしてもらえることが多くて。スタイルいいのにそれが活かしきれていない、服を組み合わせることができない人ってこんなにいるんや！っていうのをそこで知れました。目の前でお客様が喜んでくれるのも自信になったし、業界の裏側もいろいろ見られたし、何より自分のブランドは**〝お客様が接客を受けたくなるブランド〟にしよう**、という明確なビジョンも持てて、すごく勉強になりました。

２０１３年にはブログを始めて（現在は閉鎖）、やせて見える服の着方とか、こういう理由でアスリート女子のための服をつくりたいんですっていうのを書いて、それをFacebookに転載するっていうのをやってたんですが、あるとき某大手ブランドで働いているという男性からメッセージがきて。自分も柔道をやっていて気持ちがよく分かるし、すごく面白いと思う。一緒に何かやることはできないけど、よかったら服づくりのシステムについて教えましょうか？って言ってくれたんです。ありがたく話を聞きに行って、必要なのは、デザインを形にしてくれるパタンナーさん、材料を揃えるための生地屋さんと資材屋さん、そして縫製工場だと。なるほど、**まずは麦わらの一味的な〝仲間〟を集めなくてはならないんだ！**ということが分かったんです。そうして仲間を見つけていく中で、パタンナーさんはフリーの方がいいなと思って、何人か条件が合いそうな方に想いを綴ったメールを送ったんです。その中で、お返事をくれたのは二人。そのうちの一人が「バドミントンとキックボクシングをやっていて、伸びる素材の服しか着られないので、分かります」って書いてく

着やせテクニックを武器に、売りに売りまくっていたアパレル店員時代。若いっ（笑）！

れていて。アスリートの気持ちが分かる人やなと思って即、採用。それからずっと一緒にやってもらっています。

でも、いざこの仲間たちを集めて見積もりを出してもらったら、資金が全然足りなくて。当時、アパレル含めてバイトを３つ掛け持ちしてたんですけど、それでもこの金額は払えない。「無理……」ってなってしばらく寝かせていたら、当時の政策で女性創業者支援っていうのがあると情報をもらって。借金をすることに抵抗があって、無理無理、怖い！ってなってたんですけど、とりあえず説明会だけでも行ってみようと。実際に話を聞いてみたら**例えば６００万円借りたとしても、返済は月々５万円でいい**と。私がバイトを増やして月々その返済さえできれば、関わってくれる人たちに迷惑をかけることなくスタートできる。じゃあ、申請してみようということで資金の目処もつき、**念願のアスリート専門ファッションブランド「ＫＩＮＧＬＩＬＹ」を立ち上げました。**縫製工場が法人としか取引しないという所だったので、同じタイミングで会社も設立。この時点で会社にしておいたことは、本当によかったと思います。

ブランド名のＫＩＮＧは、アスリートの女性たちのことを表しています。ＱＵＥＥＮじゃないの？ってよく聞かれますが、いやそんな生ぬるいもんじゃないんだよと（笑）。尊敬する美しいＫＩＮＧたちのためにＬＩＬＹ＝ゆりがつくる服。その構想は自分の中にずっとあったんです。

始めてみて、分かったこと

ブランドはスタートしましたが、そこから工場に発注して商品が出来上がってくるまでには「生産期間」があるんですよね。ブランドを始めるならコーディネートができないと！と思って、いきなり全身分をつくってしまったので、商品が上がってくるのは半年後。それまでにブランドを世間に知ってもらおうとインスタを始めることにしました。私は芸能人みたいに可愛いわけでも、スタイルがいいわけでもないけれど、ブログでもやっていた**「この肩幅でも、このブランドのこの服ならきれいに着られるよ」**というリアルな着やせスキルには自信がありました。それをインスタで発信しながら、お買い物同行サービスも始めたんですよ。

そうすると来てくれるのが主に主婦の方で。それまで、服のことでいちばん困ってるのは、自分たちアスリートだと思ってたんですよ。でも、体の見せ方をなんとかしたいと思ってるのは主婦の皆さんも一緒だったんですよね。そういう方に支えていただいてＳＮＳのスタイルを確立していきました。その頃まだバイトを３つやってて、二つはアパレル、もう一つはスーパーの開店準備。早朝から誰よりもきれいに速く野菜を並べてました（笑）。５時起きでインスタ用の写真を撮って、バイトに行って合間に画像をアップロードして、またバイト行って……ってやってたら本当にあっという間に半年過ぎて。ある日意味の分からんくらいの量の服が入った段ボールが家に届いて、オンライン販売がスタートしました。

必要としてくださる方に、届けたい

ＫＩＮＧＬＩＬＹの服は、１５０人のアスリートの体型データを取って独自の規格サイズをつくり、ゼロからパターンを起こして国内で少量生産しています。だからデザイン代や自分の給料は１円も計算に入れずに原価を計算しても、商品代は絶対に１万円を超えてしまう。実際に着ると本当に腕もウエストも細くきれいに見えて、自分で天才やな！って思ってしまうくらいよくできてるんですが……結局、服にお金をかけようと思う人じゃないと実際の購入には至らないんですよね。アスリートが着られるようにつくったシンプルで上質な服だったけれど、ファッションにそこまで興味のない彼女たちにとっては、その値段を出してまで買いたいとは思えないものだった。**需要と供給が合ってなかった**んですね。でもじゃあ誰が買ってくれたかというと、元々スポーツをやっていてファッションにあまり触れてこなかったとか、ぽっちゃり体型だけどお洒落がしたいという、一般のお客様だったんです。

自分がつくったものを買って喜んで着てくださる。そのお客様への感謝と、体型悩みを抱えて服を探している方にもっと周知していきたい気持ちから、インスタでのｂｅｆｏｒｅ／ａｆｔｅｒはずっと続けました。途中、東京オリンピックがあって新聞やテレビで取り上げていただいたり、選手が着てくれたりもしたんですけど「結局、オリンピック選手を使って売ろうとしてるんでしょ」みたいに思われるのが本当にイヤで。もちろん元レスリング選手だから取り上げていただけるというその状況にも感謝しなくてはいけないんだけど、精神的に苦しくてね。やっぱり私は、**この服が必要で見つけてくださった方たちとつながっていきたい**、とますます思うようになったんです。

そんな中、**インスタにお客様から体型や服に関する悩み相談が来るようになったん**ですよ。その悩みがまた、深くて。どうにかこの人たちにお洒落を楽しむ気持ちを味わってほしいと思ったんですが、いかんせんKINGLILYはそこそこのお値段なので敷居が高くなってしまう。だから、自分でプチプラの服を買ってインスタのライブ配信で着やせのbefore／afterを見せることにしたんです。目の前で着替えたらもう、その効果は一目瞭然なんでね！　それがフォロワーさんにすごく好評だったことから、「ファッションセンターしまむら」の方が私を見つけてくれました。

そこからコラボをするようになって、いまに至っています。しまむらさんはリーズナブルだし全国にあるし、お店に入るのも緊張しなくていいから**とにかくチャレンジしやすい**。この値段なら買ってみようかなってところから始まって、着てみたらあれ？　なんかやせて見えへん？　っていう**〝ラッキー着やせ〟をご用意したい**。入る服着てたらそれでええわ、って思ってた人が、変わった自分を見てハッピーになって、少しずつお洒落が楽しくなっていってくれたら嬉しい。そういうことをずっと思って、動き続けています。

EPILOGUE

おわりに

着やせに興味を持ってくださり
一緒にファッションを楽しんでみよう！と
私の元に情報を探しに来てくださるお客様や
フォロワーさんのおかげで今があります♪

いつもありがとうございますヽ(´▽`)/

これからも〝楽しく〟を大切に！
〝自分自身の心の治安を守りながら挑戦する〟をモットーに！

着やせを一緒に楽しんでいけたら嬉しいです＼(^o^)／

つまるところ、関わってくださる皆さんに
スペシャルサンクスです＼(^o^)／

おかだゆりより

1.猛暑のサンルームで秋冬アイテムのビジュアルの撮影中。本書もですが、いつもスタイリングはもちろん、ヘアメイクも自分でしています。**2**.試着会での一コマ。お客様のお悩みに直接アドバイス。**3**.生地見本をチェックしながら、しまむらさんと次シーズンの打ち合わせを。

[試着会について]
通常月に一度、東京都内でスペースを借りて「しまむらコラボアイテム」と「KINGLILY」商品の試着会を実施しています(試着のみ/完全予約制)。サイズ感を確認しながら着やせの効果を実感!トップスは持ち込みOKなので、お持ちのアイテムを活かした着やせテクも学べます。詳しくはインスタグラム　@kinglilydesigner をご覧ください。

キーワード別・アイテム逆引き目次

シャツ

p35／39／41／70／71／119

スキニーパンツ

p18

テーパードパンツ

p20／71

ドルマンスリーブ

p35／37／38／43／47／104／128

ナロースカート

p28／55／63／69／71

パーカ

p37／55／66／67／78

フレアスカート

p26／56

フレアパンツ

p24／70

ベルト付きロング羽織り

p44／79

ロングジレ

p41／46／57／71／118／137

ワイドパンツ

p22／51／53／61／62／68／128

Profile

おかだゆり

YURI OKADA

1984年、滋賀県出身。
レスリング選手として世界選手権第3位に輝くなど、世界的に活躍。
引退後ファッションデザイナーの道を志し、
バンタンデザイン研究所へ入学。
2015年、着やせに特化したファッションブランド
「KINGLILY」を立ち上げる。

【 Special Thanks To 】

スキルのみに集中できるよう環境を整えてくれるレモンちゃん

〝筋肉の所在地〟や〝女性が肉付きがよくなる部位〟などを考慮する
自ブランドへの圧倒的なこだわりを現物に落とし込んでくれるパタンナーの鷲尾さん

日々、私が話すスキルを抽出して見る人に分かりやすくまとめてくれるゆかちゃん

表に出ない部分で支えてくれる
配送チームの仲間たちやスタッフのみんな

〝ファッションの敷居を下げたい〟
その想いを汲んで
一つ一つのアイテムづくりをこだわってくださる
しまむらプロデュースチームの皆さん

いつもありがとうございます！

ブックデザイン　岡本佳子［Kahito commune］
校正　株式会社 麦秋アートセンター
撮影　アベユキヘ
撮影協力　吉田 圭
イラスト　ちばあやか

会う人全員から「やせた?」と聞かれる
「着やせ」ファッションBOOK

2024年11月15日　初版発行

著者　おかだゆり
発行者　山下直久
発行　株式会社KADOKAWA
〒102-8177　東京都千代田区富士見2-13-3
電話0570-002-301（ナビダイヤル）
印刷・製本　TOPPANクロレ株式会社

●お問い合わせ
https://www.kadokawa.co.jp/（「お問い合わせ」へお進みください）
※内容によっては、お答えできない場合があります。
※サポートは日本国内のみとさせていただきます。
※Japanese text only
定価はカバーに表示してあります。
ISBN 978-4-04-114959-1　C0077